中国水利统计年鉴2025

中华人民共和国水利部　编

中国水利水电出版社
www.waterpub.com.cn
·北京·

图书在版编目（CIP）数据

中国水利统计年鉴. 2025 / 中华人民共和国水利部编. -- 北京 : 中国水利水电出版社, 2025. 6. -- ISBN 978-7-5226-3429-6

Ⅰ. F426.9-54

中国国家版本馆CIP数据核字第2025NR4420号

责任编辑　李金玲　王　菲

书　　名	**中国水利统计年鉴 2025** ZHONGGUO SHUILI TONGJI NIANJIAN 2025
作　　者	中华人民共和国水利部　编
出版发行	中国水利水电出版社 （北京市海淀区玉渊潭南路 1 号 D 座　100038） 网址：www.waterpub.com.cn E-mail：sales@mwr.gov.cn 电话：（010）68545888（营销中心）
经　　售	北京科水图书销售有限公司 电话：（010）68545874、63202643 全国各地新华书店和相关出版物销售网点
排　　版	中国水利水电出版社微机排版中心
印　　刷	北京印匠彩色印刷有限公司
规　　格	210mm×297mm　16 开本　11 印张　466 千字
版　　次	2025 年 6 月第 1 版　2025 年 6 月第 1 次印刷
印　　数	0001—1000 册
定　　价	**168.00** 元

凡购买我社图书，如有缺页、倒页、脱页的，本社营销中心负责调换

《中国水利统计年鉴 2025》

编委会和编写人员名单

编 委 会

编 写 人 员

《China Water Statistical Yearbook 2025》

Editorial Board and Editorial Staff

Editorial Board

Editorial Staff

编者说明

一、《中国水利统计年鉴 2025》系统收录了 2024 年全国和各省、自治区、直辖市的水资源、水利建设投资、水利工程设施等方面的统计数据，以及中华人民共和国成立以来的全国主要水利统计数据，是一部全面反映中华人民共和国水利发展情况的资料性年刊。

二、本年鉴正文内容分为 9 个篇章，即江河湖泊及水资源、江河治理、农业灌溉、供用水、水土保持、水利建设投资、小水电、水文站网、从业人员情况。为方便读者使用，各篇章前均设有简要说明，概述本篇章的主要内容、数据来源、统计范围、统计方法以及历史变动情况。篇章末附有主要统计指标解释。

三、本年鉴的全国性统计数据，如未作特殊说明均不包括香港特别行政区、澳门特别行政区和台湾省数据。2012 年水库数量、水闸数量、机电井数量、堤防长度、灌溉面积、灌区、水土保持治理面积等主要指标数据已与 2011 年第一次全国水利普查数据衔接，2013 年节水灌溉面积数据已与 2011 年第一次全国水利普查数据衔接。

四、本年鉴在编辑上采用了以下方法。

（1）部分统计资料从 1949 年至 2024 年均被记录，但一些年份指标数据由于历史记录不详没有收录。

（2）分省统计资料均按当年各省级行政区域范围收集，行政区域范围变化后没有调整统计资料。例如：在重庆市划出前，四川省的资料包括重庆市。

（3）部分统计资料按流域或水资源一级分区分组。

（4）历史数据基本保持原貌，未作改动。

（5）部分指标未单列新疆生产建设兵团数据，其数据含在“新疆”的数据中。

五、所使用的计量单位，大部分采用国际统一法定标准计量单位，小部分沿用水利统计惯用单位。

六、部分数据合计数量由于数字位数取舍而产生的计算误差，均未作调整。

七、凡带有续表的资料，有关注释均列在第一张表的下方。

八、符号使用说明：各表中的“空格”表示该项统计指标数据不足本表最小单位数、数据不详或无该项数据；“#”表示其中主要项；“*”或数字标示（如①等）表示本表下有注解。

EDITOR'S NOTES

A. *China Water Statistical Yearbook 2025*, as an annual report that contains comprehensive information on various activities of water resources development in the People's Republic of China, has systematically collected a wide range of statistical data of water resources, investments of water project construction, and water schemes and infrastructures etc. of the whole country and of each province, autonomous region and municipality directly under the administration of Central Government in 2024. In addition, the Yearbook provides main statistical information on water resources since the founding of the People's Republic of China in 1949.

B. The Yearbook include nine chapters:

1. Rivers, lakes and water resources
2. River regulation
3. Agricultural irrigation
4. Water supply and utilization
5. Soil and water conservation
6. Investments in water project construction
7. Small hydropower
8. Hydrological network
9. Employees

To help readers clearly understand the statistical data, a brief introduction is given before each chapter, making a briefing on main contents, data sources, statistical scope and method, and historical changes. Moreover, explanations of main statistical indices are made at the end of each chapter.

C. In the Yearbook, if no special explanation, the national statistics excludes those of Hong Kong Special Administrative Region, Macao Special Administrative Region and Taiwan Province. The number of reservoir, sluice and gate, length of embankment, irrigated area, irrigation district, electro-mechanical wells and soil and conservation area in 2012 were integrated with the data of First National Water Census in 2011. The water-saving irrigated area in 2013 was integrated with the data of First National Water Census in 2011.

D. Following methodologies are adopted when statistical data of the Yearbook is produced:

1. Some statistical data are collected from 1949 to 2024, but a number of indicative data of some year are excluded because of incomplete historical records.
2. Statistical data of each province is collected according to the administrative division of that year, and no adjustment is made after the changes of division of administrative scope. For example, the data of Chongqing should be covered by Sichuan Province before Chongqing became the municipality directly under the central government.
3. Some statistical data are grouped based on river basins or Grade-I water resources regions.
4. Historical data are kept unchanged.
5. Statistical data of Xinjiang cover that of the Xinjiang Production and Construction Corps.

E. Metric System is commonly applied for most of the data in the Yearbook as the unit of measurements, but in a few circumstances, units that widely used locally are adopted.

F. No automatic adjustment is made for calculation error of some total figures herein as a result of the dropping of a certain digit.

G. Where statistical data has continued table, the relevant annotations is listed at the bottom of the first table.

H. Notes on symbol-use: the space in tables of the Yearbook means that index data are less than the required minimum, or not quite clear or not available; # represents the main item; * or ① means that there are annotations at the bottom of the table.

目 录

CONTENTS

2 江河治理
River Regulation

3 农业灌溉
Agricultural Irrigation

4 供用水
Water Supply and Utilization

5 水土保持
Soil and Water Conservation

6 水利建设投资
Investments in Water Project Construction

7 小水电
Small Hydropower

8 水文站网
Hydrological Network

9 从业人员情况
Employees

1　江河湖泊及水资源

Rivers，Lakes and Water Resources

简要说明

江河湖泊及水资源统计资料包括主要江河、湖泊、自然资源与水资源的状况，降水量、水资源量、水旱灾害及水质等。

1. 降水量资料、水资源资料按照地区和水资源一级分区整理。

2. 主要河流、内陆水域、湖泊资料按照主要河流水系整理。

3. 河流水质、湖泊水质资料按水资源一级分区整理。

4. 主要江河年径流量为50年平均值。

Brief Introduction

Statistical data of rivers, lakes and water resources provides information on main rivers and lakes, conditions of natural resources and water resources, precipitation, availability of water resources, flood or drought disasters, water quality, etc.

1. Precipitation data and data of availability of water resources is sorted according to regions and Grade-I water resources regions.

2. Data of main rivers, inland water bodies and lakes is classified according to main watersheds.

3. Data of water quality in rivers and water quality in lakes is classified according to Grade-I water resources regions.

4. Mean annual runoff of main rivers refers to the average annual value of past 50 years.

1-1 河流数量与长度

Number and Length of Rivers

地区	Region	流域面积50平方千米及以上河流 Drainage Area up to 50 km^2 and above		流域面积100平方千米及以上河流 Drainage Area up to 100 km^2 and above		流域面积1000平方千米及以上河流 Drainage Area up to 1,000 km^2 and above		流域面积10000平方千米及以上河流 Drainage Area up to 10,000 km^2 and above	
		数量/条 Number/unit	长度/千米 Length/km	数量/条 Number/unit	长度/千米 Length/km	数量/条 Number/unit	长度/千米 Length/km	数量/条 Number/unit	长度/千米 Length/km
合计	**Total**	**45203**	**1508490**	**22909**	**1114630**	**2221**	**386584**	**228**	**132553**
北京	Beijing	127	3731	71	2845	11	1035	2	417
天津	Tianjin	192	3913	40	1714	3	265	1	102
河北	Hebei	1386	40947	550	26719	49	6573	10	2575
山西	Shanxi	902	29337	451	21219	53	7606	7	3000
内蒙古	Inner Mongolia	4087	144785	2408	113572	296	42621	40	14735
辽宁	Liaoning	845	28459	459	21587	48	7585	10	2869
吉林	Jilin	912	32765	497	25386	64	9963	18	5102
黑龙江	Heilongjiang	2881	92176	1303	65482	119	23959	21	10294
上海	Shanghai	133	2694	19	758	2	83	2	83
江苏	Jiangsu	1495	31197	714	19552	15	1649	4	672
浙江	Zhejiang	865	22474	490	16375	26	3927	3	975
安徽	Anhui	901	29401	481	21980	66	7937	8	1641
福建	Fujian	740	24629	389	18051	41	5697	5	1719
江西	Jiangxi	967	34382	490	25219	51	8199	8	2474
山东	Shandong	1049	32496	553	23662	39	4896	4	1120
河南	Henan	1030	36965	560	27910	64	10161	11	3347
湖北	Hubei	1232	40010	623	28949	61	9182	10	3232
湖南	Hunan	1301	46011	660	33589	66	10441	9	3957
广东	Guangdong	1211	36559	614	25851	60	7668	6	1635
广西	Guangxi	1350	47687	678	35182	80	13011	7	4062
海南	Hainan	197	6260	95	4397	8	1199		
重庆	Chongqing	510	16877	274	12727	42	4869	7	1441
四川	Sichuan	2816	95422	1396	70465	150	26948	20	10649
贵州	Guizhou	1059	33829	547	25386	71	10261	10	3176
云南	Yunnan	2095	66856	1002	48359	118	20245	17	7388
西藏	Xizang	6418	177347	3361	131612	331	43073	28	12042
陕西	Shaanxi	1097	38469	601	29342	72	10443	12	4134
甘肃	Gansu	1590	55773	841	41932	132	17434	21	6587
青海	Qinghai	3518	114060	1791	81966	200	28073	27	9888
宁夏	Ningxia	406	10120	165	6482	22	2226	5	926
新疆	Xinjiang	3484	138961	1994	112338	257	44219	29	16479

注 1. 本表数据来源于2011年第一次全国水利普查成果。

2. 由于同一河流流经不同省（自治区、直辖市）时重复统计，故31个省（自治区、直辖市）河流数量、河流长度加总大于同标准河流数量、河流长度的合计数。本表合计数为剔重后的数据。

Notes 1. The data used in this table are sourced from the First National Water Census in 2011.

2. The total number of rivers in 31 provinces (autonomous regions and municipalities) in the Yearbook is larger than that of the actual rivers because of repetitive calculation of same rivers that flow across more than one province (autonomous regions and municipalities), and the total length of rivers is also larger than that of the actual rivers. The total doesn't include duplication data in this table.

1-2 中国十大河流基本情况

General Conditions of Ten Major Rivers

河流	River	河流长度 /千米 Length of River /km	流域面积 /平方千米 Drainage Area /km^2	水面面积 /平方千米 Water Surface Area /km^2	流经省（自治区、直辖市） Provinces (Autonomous Regions and Municipalities) Flow Through	多年平均年径流深 /毫米 Depth of Annual Runoff /mm
长　江	Yangtze River	6296	1796000	6151	青海、西藏、四川、云南、重庆、湖北、湖南、江西、安徽、江苏、上海	551.1
黑龙江	Heilong River	1905	888711	1773	黑龙江	142.6
黄　河	Yellow River	5687	813122	3690	青海、四川、甘肃、宁夏、内蒙古、陕西、山西、河南、山东	74.7
珠　江（流域）	Pearl River (Basin)	2320	452000	1081	云南、贵州、广西、广东、湖南、江西	
塔里木河	Talimu River	2727	365902	284	新疆	72.2
雅鲁藏布江	Yarlung Zangbo River	2296	345953	682	西藏	951.6
海　河（流域）	Haihe River (Basin)	73（干流）	320600	234	天津、北京、河北、山西、山东、河南、内蒙古、辽宁	
辽　河	Liaohe River	1383	191946	365	内蒙古、河北、吉林、辽宁	45.2
淮　河	Huaihe River	1018	190982	384	河南、湖北、安徽、江苏	236.9
澜沧江	Lancang River	2194	164778	546	青海、西藏、云南	445.6

注　1. 本表数据来源于《中国河湖年鉴2024》。
　　2. 黄河流域面积包含内流区42269平方千米。

Notes　1. The data are sourced from *China River and Lake Yearbook 2024*.
　　2. The Yellow River drainage area includes the endorheic basin of 42,269 km^2.

1-3 全国主要湖泊

Key Lakes in China

湖　名 Lake	主要所在地 Main Location	湖泊面积/平方千米 Area/km^2	湖水贮量/亿立方米 Storage/10^8m^3
青海湖 Qinghai Lake	青海 Qinghai	4200	742
鄱阳湖 Poyang Lake	江西 Jiangxi	3960	259
洞庭湖 Dongting Lake	湖南 Hunan	2740	178
太湖 Taihu Lake	江苏 Jiangsu	2338	44
呼伦湖 Hulun Lake	内蒙古 Inner Mongolia	2000	111
纳木错 Namtso Lake	西藏 Xizang	1961	768
洪泽湖 Hongze Lake	江苏 Jiangsu	1851	24
色林错 Selincuo Lake	西藏 Xizang	1628	492
南四湖 Nansi Lake	山东 Shandong	1225	19
扎日南木错 Zharinanmucuo Lake	西藏 Xizang	996	60
博斯腾湖 Bosten Lake	新疆 Xinjiang	960	77
当惹雍错 Dangreyongcuo Lake	西藏 Xizang	835	209
巢湖 Chaohu Lake	安徽 Anhui	753	18
布伦托海 Buluntuohai Lake	新疆 Xinjiang	730	59
高邮湖 Gaoyou Lake	江苏 Jiangsu	650	9
羊卓雍错 Yangzhuoyongcuo Lake	西藏 Xizang	638	146
鄂陵湖 Eling Lake	青海 Qinghai	610	108
哈拉湖 Hala Lake	青海 Qinghai	538	161
阿牙克库木湖 Ayakekumu Lake	新疆 Xinjiang	570	55
扎陵湖 Gyaring Lake	青海 Qinghai	526	47
艾比湖 Aibi Lake	新疆 Xinjiang	522	9
昂拉仁错 Anglarencuo Lake	西藏 Xizang	513	102
塔若错 Taruocuo Lake	西藏 Xizang	487	97
格仁错 Gerencuo Lake	西藏 Xizang	476	71
赛里木湖 Sayram Lake	新疆 Xinjiang	454	210
松花湖 Songhua Lake	吉林 Jilin	425	108
班公错 Bangongcuo Lake	西藏 Xizang	412	74
玛旁雍错 Manasarovar Lake	西藏 Xizang	412	202
洪湖 Honghu Lake	湖北 Hubei	402	8
阿次克湖 Acike Lake	新疆 Xinjiang	345	34
滇池 Dianchi Lake	云南 Yunnan	298	12
拉昂错 Laangcuo Lake	西藏 Xizang	268	40
梁子湖 Liangzi Lake	湖北 Hubei	256	7
洱海 Erhai Lake	云南 Yunnan	253	26
龙感湖 Longgan Lake	安徽 Anhui	243	4
骆马湖 Luoma Lake	江苏 Jiangsu	235	3
达里诺尔 Dalinuoer Lake	内蒙古 Inner Mongolia	210	22
抚仙湖 Fuxian Lake	云南 Yunnan	211	19
泊湖 Pohu Lake	安徽 Anhui	209	3
石臼湖 Shijiu Lake	江苏 Jiangsu	208	4
月亮泡 Yueliangpao Lake	吉林 Jilin	206	5
岱海 Daihai Lake	内蒙古 Inner Mongolia	140	13
波特港湖 Botegang Lake	新疆 Xinjiang	160	13
镜泊湖 Jingpo Lake	黑龙江 Heilongjiang	95	16

注　本表数据来源于《四十年水利建设成就——水利统计资料（1949—1988）》。

Note　The data in this table are sourced from *Achievements of Water Construction in 40 Years—Water Statistical Data (1949-1988)*.

1-3 续表 continued

湖　名 Lake	所在流域 River Basin 内陆湖区 Inland Lake Region	外流湖区 Out-flowing Lake Region	水　型 Lake Type
青海湖 Qinghai Lake	柴达木区 Qaidam		咸水湖 Saltwater Lake
鄱阳湖 Poyang Lake		长江流域 Yangtze River Basin	淡水湖 Freshwater Lake
洞庭湖 Dongting Lake		长江流域 Yangtze River Basin	淡水湖 Freshwater Lake
太湖 Taihu Lake		长江流域 Yangtze River Basin	淡水湖 Freshwater Lake
呼伦湖 Hulun Lake	内蒙古区 Inner Mongolia		咸水湖 Saltwater Lake
纳木错 Namtso Lake	藏北区 North Xizang		咸水湖 Saltwater Lake
洪泽湖 Hongze Lake		淮河流域 Huaihe River Basin	淡水湖 Freshwater Lake
色林错 Selincuo Lake	藏北区 North Xizang		咸水湖 Saltwater Lake
南四湖 Nansi Lake		淮河流域 Huaihe River Basin	淡水湖 Freshwater Lake
扎日南木错 Zharinanmucuo Lake	藏北区 North Xizang		咸水湖 Saltwater Lake
博斯腾湖 Bosten Lake	甘新区 Gansu-Xinjiang Region		咸水湖 Saltwater Lake
当惹雍错 Dangreyongcuo Lake	藏北区 North Xizang		咸水湖 Saltwater Lake
巢湖 Chaohu Lake		长江流域 Yangtze River Basin	淡水湖 Freshwater Lake
布伦托海 Buluntuohai Lake	甘新区 Gansu-Xinjiang Region		咸水湖 Saltwater Lake
高邮湖 Gaoyou Lake		淮河流域 Huaihe River Basin	淡水湖 Freshwater Lake
羊卓雍错 Yangzhuoyongcuo Lake	藏北区 North Xizang		咸水湖 Saltwater Lake
鄂陵湖 Eling Lake		黄河流域 Yellow River Basin	淡水湖 Freshwater Lake
哈拉湖 Hala Lake	柴达木区 Qaidam		咸水湖 Saltwater Lake
阿牙克库木湖 Ayakekumu Lake	藏北区 North Xizang		咸水湖 Saltwater Lake
扎陵湖 Gyaring Lake		黄河流域 Yellow River Basin	淡水湖 Freshwater Lake
艾比湖 Aibi Lake	甘新区 Gansu-Xinjiang Region		咸水湖 Saltwater Lake
昂拉仁错 Anglarencuo Lake	藏北区 North Xizang		咸水湖 Saltwater Lake
塔若错 Taruocuo Lake	藏北区 North Xizang		咸水湖 Saltwater Lake
格仁错 Gerencuo Lake	藏北区 North Xizang		淡水湖 Freshwater Lake
赛里木湖 Sayram Lake	甘新区 Gansu-Xinjiang Region		咸水湖 Saltwater Lake
松花湖 Songhua Lake		黑龙江流域 Heilong River Basin	淡水湖 Freshwater Lake
班公错 Bangongcuo Lake	藏北区 North Xizang		东淡西咸 Freshwater in the East and Saltwater in the West
玛旁雍错 Manasarovar Lake	藏南区 South Xizang		淡水湖 Freshwater Lake
洪湖 Honghu Lake		长江流域 Yangtze River Basin	淡水湖 Freshwater Lake
阿次克湖 Acike Lake	藏北区 North Xizang		咸水湖 Saltwater Lake
滇池 Dianchi Lake		长江流域 Yangtze River Basin	淡水湖 Freshwater Lake
拉昂错 Laangcuo Lake	藏南区 South Xizang		淡水湖 Freshwater Lake
梁子湖 Liangzi Lake		长江流域 Yangtze River Basin	淡水湖 Freshwater Lake
洱海 Erhai Lake		西南诸河 Southwest Region	淡水湖 Freshwater Lake
龙感湖 Longgan Lake		长江流域 Yangtze River Basin	淡水湖 Freshwater Lake
骆马湖 Luoma Lake		淮河流域 Huaihe River Basin	淡水湖 Freshwater Lake
达里诺尔 Dalinuoer Lake	内蒙古区 Inner Mongolia		咸水湖 Saltwater Lake
抚仙湖 Fuxian Lake		珠江流域 Pearl River Basin	淡水湖 Freshwater Lake
泊湖 Pohu Lake		长江流域 Yangtze River Basin	淡水湖 Freshwater Lake
石臼湖 Shijiu Lake		长江流域 Yangtze River Basin	淡水湖 Freshwater Lake
月亮泡 Yueliangpao Lake		黑龙江流域 Heilong River Basin	淡水湖 Freshwater Lake
岱海 Daihai Lake	内蒙古区 Inner Mongolia		咸水湖 Saltwater Lake
波特港湖 Botegang Lake	甘新区 Gansu-Xinjiang Region		淡水湖 Freshwater Lake
镜泊湖 Jingpo Lake		黑龙江流域 Heilong River Basin	淡水湖 Freshwater Lake

1-4 各地区湖泊个数和面积

Number and Area of Lakes by Region

地区	Region	湖泊数量/个 Number of Lakes /unit	淡水湖 Freshwater Lake	咸水湖 Saltwater Lake	盐湖 Salt Lake	其他 Others	湖泊面积/平方千米 Lake Area /km^2	淡水湖 Freshwater Lake	咸水湖 Saltwater Lake	盐湖 Salt Lake	其他 Others
合 计	**Total**	**2865**	**1594**	**945**	**166**	**160**	**78007.1**	**35149.9**	**39205.0**	**2003.7**	**1648.6**
北 京	Beijing	1	1				1.3	1.3			
天 津	Tianjin	1	1				5.1	5.1			
河 北	Hebei	23	6	13	4		364.8	268.5	90.7	5.6	
山 西	Shanxi	6	4	2			80.7	18.8	61.9		
内蒙古	Inner Mongolia	428	86	268	73	1	3915.8	571.6	3101.4	240.0	2.8
辽 宁	Liaoning	2	2				44.7	44.7			
吉 林	Jilin	152	27	39	67	19	1055.2	165.6	486.4	338.9	64.3
黑龙江	Heilongjiang	253	241	12			3036.9	2890.8	146.1		
上 海	Shanghai	14	14				68.1	68.1			
江 苏	Jiangsu	99	99				5887.3	5887.3			
浙 江	Zhejiang	57	57				99.2	99.2			
安 徽	Anhui	128	128				3505.0	3505.0			
福 建	Fujian	1	1				1.5	1.5			
江 西	Jiangxi	86	86				3802.2	3802.2			
山 东	Shandong	8	7	1			1051.7	1047.7	4.0		
河 南	Henan	6	6				17.2	17.2			
湖 北	Hubei	224	224				2569.2	2569.2			
湖 南	Hunan	156	156				3370.7	3370.7			
广 东	Guangdong	7	6	1			18.7	17.5	1.2		
广 西	Guangxi	1	1				1.1	1.1			
海 南	Hainan										
重 庆	Chongqing										
四 川	Sichuan	29	29				114.5	114.5			
贵 州	Guizhou	1	1				22.9	22.9			
云 南	Yunnan	29	29				1115.9	1115.9			
西 藏	Xizang	808	251	434	14	109	28868.0	4341.5	22338.3	1234.7	953.5
陕 西	Shaanxi	5		5			41.1		41.1		
甘 肃	Gansu	7	3	3	1		100.6	22.0	13.6	65.0	
青 海	Qinghai	242	104	125	8	5	12826.5	2516.0	10193.8	103.7	13.0
宁 夏	Ningxia	15	11	4			101.3	57.1	44.3		
新 疆	Xinjiang	116	44	44	2	26	5919.8	2606.8	2682.2	15.8	615.1

注 1. 面积大于或等于 1 平方千米。
2. 有 40 个跨省湖泊在分省数据中有重复统计。
3. 本表数据来源于 2011 年第一次全国水利普查。

Notes 1. The lake area is larger or equal to 1 km^2.
2. In the data by regions, 40 trans-provincial lakes are calculated repetitively.
3. The data in this table are sourced from the First National Water Census in 2011.

1-5 2024年各地区降水量与2023年和常年值比较

Comparison of Precipitation in 2024 with 2023 and Normal Year by Region

地区	Region	降水量 /毫米 Precipitation /mm	与2023年比较增减 /% Increase or Decrease Comparing to 2023 /%	与常年值比较增减 /% Increase or Decrease Comparing to Normal Year /%
合　计	**Total**	**717.7**	**11.6**	**11.4**
北　京	Beijing	782.0	7.6	37.4
天　津	Tianjin	802.9	32.2	41.6
河　北	Hebei	659.3	12.9	26.6
山　西	Shanxi	560.3	0.3	9.7
内蒙古	Inner Mongolia	362.5	39.0	32.0
辽　宁	Liaoning	917.4	37.9	36.1
吉　林	Jilin	846.6	15.9	39.2
黑龙江	Heilongjiang	618.2	-0.5	16.2
上　海	Shanghai	1487.1	16.1	32.6
江　苏	Jiangsu	1221.0	7.8	21.3
浙　江	Zhejiang	1863.9	31.3	14.9
安　徽	Anhui	1275.4	9.9	8.2
福　建	Fujian	1885.3	15.2	11.1
江　西	Jiangxi	1879.9	14.5	14.2
山　东	Shandong	891.7	29.5	32.5
河　南	Henan	817.7	-21.0	6.4
湖　北	Hubei	1088.3	-14.9	-6.5
湖　南	Hunan	1642.1	29.6	13.0
广　东	Guangdong	2190.8	15.8	22.6
广　西	Guangxi	1823.0	27.1	17.9
海　南	Hainan	2229.2	21.4	22.7
重　庆	Chongqing	1074.4	-21.9	-8.4
四　川	Sichuan	940.7	4.8	-2.2
贵　州	Guizhou	1240.3	23.9	7.0
云　南	Yunnan	1193.8	13.7	-5.4
西　藏	Xizang	578.7	-0.6	-0.7
陕　西	Shaanxi	671.2	-14.6	2.2
甘　肃	Gansu	311.8	18.8	11.8
青　海	Qinghai	389.5	5.1	23.1
宁　夏	Ningxia	399.1	57.8	38.2
新　疆	Xinjiang	189.9	28.2	20.4

1-6　2024年各水资源一级区降水量与2023年和常年值比较
Comparison of Precipitation in 2024 with 2023 and Normal Year in Grade-Ⅰ Water Resources Regions

水资源一级区	Grade-Ⅰ Water Resources Regions	降水量/毫米 Precipitation /mm	与2023年比较增减/% Increase or Decrease Comparing to 2023 /%	与常年值比较增减/% Increase or Decrease Comparing to Normal Year /%
全　国	**Total**	**717.7**	**11.6**	**11.4**
松花江区	Songhua River	592.6	3.1	18.2
辽河区	Liaohe River	764.2	43.1	43.1
海河区	Haihe River	649.5	6.7	23.2
黄河区	Yellow River	537.6	9.4	18.9
淮河区	Huaihe River	970.0	4.5	15.7
长江区	Yangtze River	1124.4	5.3	4.0
其中：太湖流域	Among Which: Taihu Lake	1518.6	18.4	25.9
东南诸河区	Southeast Rivers	1890.5	22.8	12.4
珠江区	Pearl River	1837.3	24.0	18.0
西南诸河区	Southwest Rivers	1082.7	4.7	-0.8
西北诸河区	Northwest Rivers	198.7	25.6	20.4

1-7 历年水资源量
Water Resources by Year

年份 Year	水资源总量 /亿立方米 Total Quantity of Water Resources $/10^8m^3$	地表水资源量 /亿立方米 Surface Water Resources $/10^8m^3$	地下水资源量 /亿立方米 Groundwater Resources $/10^8m^3$	地下水与地表水资源不重复量 /亿立方米 Non-duplicated Amount of Surface Water and Groundwater $/10^8m^3$	降水总量 /亿立方米 Total Precipitation $/10^8m^3$	人均水资源量 /立方米每人 Per Capita Water Resources $/(m^3/person)$
1999	28196	27204	8387	992	59702	2219
2000	27701	26562	8502	934	60092	2194
2001	26868	25933	8390	1012	58122	2112
2002	28261	27243	8697	1012	62610	2207
2003	27460	26251	8299	1210	60416	2131
2004	24130	23126	7436	1003	56876	1856
2005	28053	26982	8091	1071	61010	2152
2006	25330	24358	7643	972	57840	1932
2007	25255	24242	7617	1013	57763	1916
2008	27434	26377	8122	1057	62000	2071
2009	24180	23125	7267	1055	55966	1812
2010	30906	29798	8417	1109	65850	2310
2011	23257	22214	7215	1043	55133	1726
2012	29529	28373	8296	1156	65150	2186
2013	27958	26840	8081	1118	62674	2060
2014	27267	26264	7745	1003	60325	1999
2015	27963	26901	7797	1062	62569	2039
2016	32466	31274	8855	1193	68672	2355
2017	28761	27746	8310	1015	62936	2086
2018	27463	26323	8247	1139	64618	1972
2019	29041	27993	8192	1048	61660	2078
2020	31605	30407	8554	1198	66899	2240
2021	29638	28311	8196	1328	65426	2099
2022	27088	25984	7924	1104	59736	1918
2023	25783	24634	7807	1149	60807	1828
2024	31123	29896	8679	1227	67891	2209

注　人均水资源量按照当地水资源总量除以年平均人口计算，不包括入省境水量和入省际界河水量。

Note　The per capita water resources are calculated by dividing the total amount of local water resources by the annual average population excluding the amount of water entering the provincial and the amount of river water entering the provincial boundary.

1-8　2024年水资源量（按地区分）

Water Resources in 2024 (by Region)

地区	Region	水资源总量/亿立方米 Total Quantity of Water Resources /10^8m^3	地表水资源量/亿立方米 Surface Water Resources /10^8m^3	地下水资源量/亿立方米 Groundwater Resources /10^8m^3	地下水与地表水资源不重复量/亿立方米 Non-duplicated Amount of Surface Water and Groundwater /10^8m^3	降水量/毫米 Annual Precipitation /mm	人均水资源量/立方米每人 Per Capita Water Resources /(m^3/person)
全　国	**Total**	**31123.0**	**29895.6**	**8679.2**	**1227.4**	**717.7**	**2209**
北　京	Beijing	52.9	24.5	42.0	28.4	782.0	242
天　津	Tianjin	25.2	16.9	9.7	8.3	802.9	184
河　北	Hebei	247.9	140.8	179.9	107.2	659.3	336
山　西	Shanxi	115.0	73.5	94.1	41.5	560.3	333
内蒙古	Inner Mongolia	581.1	399.7	259.8	181.4	362.5	2429
辽　宁	Liaoning	534.6	482.6	151.1	52.0	917.4	1282
吉　林	Jilin	676.8	589.5	216.6	87.3	846.6	2907
黑龙江	Heilongjiang	1011.7	851.6	342.9	160.1	618.2	3322
上　海	Shanghai	53.4	45.6	10.7	7.7	1487.1	215
江　苏	Jiangsu	496.3	438.7	132.1	57.6	1221.0	582
浙　江	Zhejiang	1209.1	1189.9	245.9	19.2	1863.9	1819
安　徽	Anhui	889.7	810.9	216.6	78.7	1275.4	1453
福　建	Fujian	1326.8	1324.6	342.6	2.2	1885.3	3168
江　西	Jiangxi	2059.7	2039.7	446.5	20.0	1879.9	4569
山　东	Shandong	461.7	355.8	194.0	105.9	891.7	457
河　南	Henan	417.7	323.5	191.8	94.1	817.7	426
湖　北	Hubei	918.2	895.8	283.7	22.4	1088.3	1573
湖　南	Hunan	2087.5	2079.7	451.4	7.8	1642.1	3185
广　东	Guangdong	2349.1	2339.4	555.7	9.7	2190.8	1843
广　西	Guangxi	2467.0	2465.9	426.3	1.1	1823.0	4914
海　南	Hainan	439.7	431.8	115.9	7.9	2229.2	4206
重　庆	Chongqing	469.8	469.8	96.2		1074.4	1472
四　川	Sichuan	2434.4	2433.1	605.9	1.2	940.7	2910
贵　州	Guizhou	969.1	969.1	238.0		1240.3	2509
云　南	Yunnan	1760.4	1760.4	595.7		1193.8	3774
西　藏	Xizang	4420.0	4420.0	996.5		578.7	120273
陕　西	Shaanxi	389.3	353.8	144.4	35.5	671.2	985
甘　肃	Gansu	261.4	250.6	123.3	10.8	311.8	1062
青　海	Qinghai	958.6	932.4	412.9	26.2	389.5	16151
宁　夏	Ningxia	13.0	10.0	16.1	3.0	399.1	178
新　疆	Xinjiang	1025.9	975.7	541.1	50.2	189.9	3930

注　人均水资源量按照当地水资源总量除以年平均人口计算，不包括入省境水量和入省际界河水量。

Note　The per capita water resources are calculated by dividing the total amount of local water resources by the annual average population excluding the amount of water entering the provincial and the amount of river water entering the provincial boundary.

1-9 2024 年水资源量（按水资源一级区分）

Water Resources in 2024 (by Grade-Ⅰ Water Resources Regions)

水资源一级区	Grade-Ⅰ Water Resources Regions	水资源总量/亿立方米 Total Quantity of Water Resources /10^8m^3	地表水资源量/亿立方米 Surface Water Resources /10^8m^3	地下水资源量/亿立方米 Groundwater Resources /10^8m^3	地下水与地表水资源不重复量/亿立方米 Non-duplicated Amount of Surface Water and Groundwater /10^8m^3	降水量/毫米 Annual Precipitation /mm
全　国	**Total**	**31123.0**	**29895.6**	**8679.2**	**1227.4**	**717.7**
松花江区	Songhua River	1918.5	1650.6	610.5	267.9	592.6
辽河区	Liaohe River	752.1	633.1	249.5	119.0	764.2
海河区	Haihe River	432.6	248.3	311.4	184.3	649.5
黄河区	Yellow River	827.1	695.2	426.2	131.9	537.6
淮河区	Huaihe River	1175.3	919.9	457.8	255.5	970.0
长江区	Yangtze River	10566.0	10458.9	2583.2	107.1	1124.4
其中：太湖流域	Among Which: Taihu Lake	294.9	276.4	52.4	18.5	1518.6
东南诸河区	Southeast Rivers	2363.2	2348.4	539.7	14.8	1890.5
珠江区	Pearl River	5915.4	5896.7	1268.2	18.7	1837.3
西南诸河区	Southwest Rivers	5543.5	5543.5	1351.5		1082.7
西北诸河区	Northwest Rivers	1629.4	1501.2	881.1	128.2	198.7

主要统计指标解释

地表水资源量 河流、湖泊以及冰川等地表水体中可以逐年更新的动态水量，即天然河川径流量。

地下水资源量 地下饱和含水层逐年更新的动态水量，即降水和地表水入渗对地下水的补给量。

水资源总量 当地降水形成的地表和地下产水总量，即地表径流量与降水入渗补给量之和。

降水量 从天空降落到地面的液态或固态（经融化后）水，未经蒸发、渗透、流失而在地面上积聚的深度。其统计计算方法如下：月降水量是将全月各日的降水量累加而得；年降水量是将12个月的月降水量累加而得。

流域面积 每条河流都有自己的干流和支流，干支流共同组成这条河流的水系。每条河流都有自己的集水区域，这个集水区域就称为该河流的流域。流域面积是该集水区域的总面积。

Explanatory Notes of Main Statistical Indicators

Surface water resources Dynamic quantity of water that is renewable year by year in surface water bodies such as rivers, lakes or glaciers; it also means the quantity of natural river runoff.

Groundwater resources Quantity of recharge of precipitation and surface water to the saturated rock and clay, including infiltration recharge of precipitation and surface water bodies of river courses, lakes, reservoirs, canal system and irrigation field.

Total Quantity of water resources Total available surface and underground water that is formed by local precipitation, i.e. the sum of surface runoff and underground water infiltrated by precipitation recharge.

Precipitation Accumulative depth of water in liquid or solid (after melting) states from the sky to the ground without evaporation, infiltration and running off. Its calculation methods are as follows: monthly precipitation shall be the total sum of everyday rainfall in a month; annual precipitation shall be the total sum of rainfalls of twelve months.

Drainage area Each river has its own mainstream and tributaries that jointly form the water system of this river. Each river has its own water catchment, and this catchment is called the river basin of this river. The area of a river basin is the total area of its catchments.

2 江河治理

River Regulation

简要说明

江河治理统计资料主要包括水库数量、水库总库容、堤防长度与等级划分、水闸数量与类型以及除涝面积。

江河治理资料按水资源一级分区和地区分组。水库、堤防、水闸、除涝等历史数据汇总 1982 年至今的数据。

1. 水库统计范围为已建成水库，包括水利、电力、城建等部门建设的水库。

2. 堤防统计范围为已建成或基本建成的河堤、湖堤、海堤、江堤、分洪区和行洪区围堤等各种堤防，生产堤、渠堤、排涝堤不做统计。本年鉴堤防长度为五级及以上堤防长度。

3. 水闸统计范围为江河、湖泊上防洪、分洪、节制、挡潮、排涝、引水灌溉等各种类型的水闸，水库枢纽等建筑物上的水闸不包括在内。2012 年始，水闸数量统计口径为水闸流量达到 5 立方米每秒。

4. 洪灾、旱灾及防治状况历史资料汇总 1950 年以来的数据，按地区整理。

5. 2012 年水库、堤防、水闸相关指标已与 2011 年水利普查数据进行了衔接。

Brief Introduction

Statistical data of rivers regulation mainly includes number of reservoirs, total storage capacity, embankment length and grade division, number and types of sluices and gates, and drainage area.

The data of river regulation is divided into groups in accordance with regions and basins. Historical data of reservoirs, embankments, water gates, waterlogging prevention areas is collected from 1982 until present.

1. The statistical data of reservoirs also covers reservoirs built by department of Water electricity and urban construction despite of water department.

2. The statistical scope of embankment covers various types such as river embankment and levee, lake embankment, sea dyke, embankment for flood retention and discharge basins, excluding embankment for production, canal and drainage purposes. The data of the length of embankment and dyke is about from Grade-Ⅰ to Grade-Ⅴ.

3. The statistical scope of sluice and gate covers various types of sluices and gates on rivers or lakes, such as those for flood control and flood diversion, control gate and tidal gate, and gate for drainage and irrigation. The gates built on the reservoirs are not included. Since 2012, only the gates with a flow higher than 5 m^3/s are included.

4. Historical data of flood and drought disasters, and summary of prevention and control status are collected from 1950 until present and classified according to regions.

5. The data of reservoir, embankment, sluice and gate in 2012 is integrated with the First National Census for Water in 2011.

2-1 主 要 指 标

Key Indicators

指标名称 Indicator	单位	unit	2014	2015	2016	2017	2018	2019	2020	2021	2022	2023	2024
水库 Reservoir	座	unit	97735	97988	98460	98795	98822	98112	98566	97036	95296	94877	94608
总库容 Total Storage	亿立方米	10^8m^3	8394	8581	8967	9035	8953	8983	9306	9853	9887	9999	10062
大型 Large Reservoir	座	unit	697	707	720	732	736	744	774	805	814	836	841
总库容 Total Storage	亿立方米	10^8m^3	6617	6812	7166	7210	7117	7150	7410	7944	7979	8077	8124
中型 Medium Reservoir	座	unit	3799	3844	3890	3934	3954	3978	4098	4174	4192	4230	4251
总库容 Total Storage	亿立方米	10^8m^3	1075	1068	1096	1117	1126	1127	1179	1197	1199	1210	1222
小型 Small Reservoir	座	unit	93239	93437	93850	94129	94132	93390	93694	92057	90290	89811	89516
总库容 Total Storage	亿立方米	10^8m^3	702	701	705	709	710	706	717	712	709	712	716
堤防 Embankment and Dyke	千米	km	284425	291417	299322	306200	311932	320250	328121	331048	331638	325037	317702
保护耕地面积 Protected Cultivated Area	千公顷	10^3hm^2	42794	40844	41087	40946	41409	41903	42168	42192	41972	41748	43210
保护人口 Protected Population	万人	10^4persons	58584	58608	59468	60557	62837	64168	64591	65193	64284	63941	65585
水闸 Water Gate	座	unit	98686	103964	105283	103878	104403	103575	103474	100321	96348	94460	90308
大型 Large Gate	座	unit	875	888	892	892	897	892	914	923	957	911	1002
中型 Medium Gate	座	unit	6360	6401	6473	6504	6534	6621	6697	6273	5951	5851	6003
小型 Small Gate	座	unit	91451	96675	97918	96482	96972	96062	95863	93125	89440	87698	83303
除涝面积 Drainage Area	千公顷	10^3hm^2	22369	22713	23067	23824	24262	24530	24586	24480	24129	25078	25359

2-2 历年已建成水库数量、库容和耕地灌溉面积

Number, Storage Capacity and Effective Irrigated Area of Completed Reservoirs by Year

年份 Year	已建成水库 Completed Reservoirs			大型水库 Large Reservoir			中型水库 Medium Reservoir			小型水库 Small Reservoir		
	座数/座 Number/unit	总库容/亿立方米 Total Storage Capacity /10^8m^3	耕地灌溉面积/千公顷 Irrigated Farmland Area /10^3hm^2	座数/座 Number/unit	总库容/亿立方米 Total Storage Capacity /10^8m^3	耕地灌溉面积/千公顷 Irrigated Farmland Area /10^3hm^2	座数/座 Number/unit	总库容/亿立方米 Total Storage Capacity /10^8m^3	耕地灌溉面积/千公顷 Irrigated Farmland Area /10^3hm^2	座数/座 Number/unit	总库容/亿立方米 Total Storage Capacity /10^8m^3	耕地灌溉面积/千公顷 Irrigated Farmland Area /10^3hm^2
1985	83219	4301	15760	340	3076	6407	2401	661	4206	80478	564	5147
1986	82716	4432	15749	350	3199	6408	2115	666	4189	79951	567	5153
1987	82870	4475	15902	353	3233	6449	2428	672	4257	80089	570	5196
1988	82937	4504	15801	355	3252	6399	2462	681	4201	80120	571	5201
1989	82848	4617	15826	358	3357	6409	2480	688	4254	80010	572	5163
1990	83387	4660	15809	366	3397	6431	2499	690	4205	80522	573	5173
1991	83799	4678		367	3400		2524	698		80908	579	
1992	84130	4688		369	3407		2538	700		81223	580	
1993	84614	4717		374	3425		2562	707		81678	583	
1994	84558	4751		381	3456		2572	713		81605	582	
1995	84775	4797		387	3493		2593	719		81795	585	
1996	84905	4571		394	3260		2618	724		81893	587	
1997	84837	4583		397	3267		2634	729		81806	587	
1998	84944	4930		403	3595		2653	736		81888	598	
1999	85119	4499		400	3164		2681	743		82039	593	
2000	83260	5183		420	3843		2704	746		80136	593	
2001	83542	5280		433	3927		2736	758		80373	595	
2002	83960	5594		445	4230		2781	768		80734	596	
2003	84091	5657		453	4279		2827	783		80811	596	
2004	84363	5541		460	4147		2869	796		81034	598	
2005	84577	5623		470	4197		2934	826		81173	601	
2006	85249	5841		482	4379		3000	852		81767	610	
2007	85412	6345		493	4836		3110	883		81809	625	
2008	86353	6924		529	5386		3181	910		82643	628	
2009	87151	7064		544	5506		3259	921		83348	636	
2010	87873	7162		552	5594		3269	930		84052	638	
2011	88605	7201		567	5602		3346	954		84692	645	
2012	97543	8255		683	6493		3758	1064		93102	698	
2013	97721	8298		687	6529		3774	1070		93260	700	
2014	97735	8394		697	6617		3799	1075		93239	702	
2015	97988	8581		707	6812		3844	1068		93437	701	
2016	98460	8967		720	7166		3890	1096		93850	705	
2017	98795	9035		732	7210		3934	1117		94129	709	
2018	98822	8953		736	7117		3954	1126		94132	710	
2019	98112	8983		744	7150		3978	1127		93390	706	
2020	98566	9306		774	7410		4098	1179		93694	717	
2021	97036	9853		805	7944		4174	1197		92057	712	
2022	95296	9887		814	7979		4192	1199		90290	709	
2023	94877	9999		836	8077		4230	1210		89811	712	
2024	94608	10062		841	8124		4251	1222		89516	716	

2-3 2024年已建成水库数量和库容（按地区分）

Number and Storage Capacity of Completed Reservoirs in 2024 (by Region)

地区	Region	已建成水库 Completed Reservoirs		大型水库 Large Reservoir		中型水库 Medium Reservoir		小型水库 Small Reservoir	
		座数/座 Number/unit	总库容/亿立方米 Total Storage Capacity/10^8m^3	座数/座 Number/unit	总库容/亿立方米 Total Storage Capacity/10^8m^3	座数/座 Number/unit	总库容/亿立方米 Total Storage Capacity/10^8m^3	座数/座 Number/unit	总库容/亿立方米 Total Storage Capacity/10^8m^3
合 计	**Total**	**94608**	**10062**	**841**	**8124**	**4251**	**1222**	**89516**	**716**
北 京	Beijing	80	52	3	46	17	5	60	1
天 津	Tianjin	21	25.2	3	22	8	3	10	0.2
河 北	Hebei	1008	207	24	184	47	16	937	7
山 西	Shanxi	623	72	11	39	72	23	540	10
内蒙古	Inner Mongolia	472	214	18	172	89	33	365	9
辽 宁	Liaoning	743	374	37	344	78	21	628	9
吉 林	Jilin	1230	326	19	282	110	32	1101	12
黑龙江	Heilongjiang	792	206	30	158	101	34	661	14
上 海	Shanghai	5	5.4	1	5	1	0.1	3	0.3
江 苏	Jiangsu	934	36	6	13	47	13	881	10
浙 江	Zhejiang	4268	452	35	374	167	50	4066	28
安 徽	Anhui	5288	207	18	147	115	31	5155	29
福 建	Fujian	3566	207	23	126	199	52	3344	29
江 西	Jiangxi	10627	357	38	225	267	66	10322	66
山 东	Shandong	5527	185	38	94	230	57	5259	34
河 南	Henan	2527	438	28	384	123	34	2376	20
湖 北	Hubei	6721	1266	79	1134	290	82	6352	50
湖 南	Hunan	13218	547	53	377	361	99	12804	71
广 东	Guangdong	7221	453	41	298	339	94	6841	61
广 西	Guangxi	4498	767	66	646	241	73	4191	48
海 南	Hainan	1109	122	12	84	78	25	1019	13
重 庆	Chongqing	3083	139	21	90	118	29	2944	20
四 川	Sichuan	8269	766	60	634	259	81	7950	51
贵 州	Guizhou	2701	512	30	432	179	52	2492	28
云 南	Yunnan	7337	1193	57	1061	340	82	6940	50
西 藏	Xizang	151	44	9	35	23	8	119	1
陕 西	Shaanxi	1052	118	17	71	89	35	946	12
甘 肃	Gansu	357	115	10	93	45	15	302	7
青 海	Qinghai	200	385	15	376	22	6	163	3
宁 夏	Ningxia	328	26	1	6	37	12	290	8
新 疆	Xinjiang	652	245	38	172	159	59	455	14

2-4 2024年已建成水库数量和库容（按水资源分区分）

Number and Storage Capacity of Completed Reservoirs in 2024 (by Water Resources Sub-region)

水资源一级区	Grade-Ⅰ Water Resources Regions	已建成水库 Completed Reservoirs		大型水库 Large Reservoir		中型水库 Medium Reservoir		小型水库 Small Reservoir	
		座数/座 Number/unit	总库容/亿立方米 Total Storage Capacity /10^8m^3	座数/座 Number/unit	总库容/亿立方米 Total Storage Capacity /10^8m^3	座数/座 Number/unit	总库容/亿立方米 Total Storage Capacity /10^8m^3	座数/座 Number/unit	总库容/亿立方米 Total Storage Capacity /10^8m^3
合 计	**Total**	**94608**	**10062**	**841**	**8124**	**4251**	**1222**	**89516**	**716**
松花江区	Songhua River	1942	601	53	510	203	66	1686	25
辽河区	Liaohe River	1037	492	48	439	131	40	858	13
海河区	Haihe River	1594	339	37	274	164	48	1393	17
黄河区	Yellow River	2836	890	45	764	248	85	2543	41
淮河区	Huaihe River	8611	403	61	270	295	79	8255	54
长江区	Yangtze River	51944	4698	343	3896	1731	472	49870	330
东南诸河区	Southeast Rivers	7707	650	54	494	356	100	7297	56
珠江区	Pearl River	16784	1638	146	1248	834	239	15804	151
西南诸河区	Southwest Rivers	1200	82	11	48	92	24	1097	10
西北诸河区	Northwest Rivers	953	269	43	181	197	69	713	19

2-5 2024年已建成水库数量和库容（按水资源分区和地区分）

Number and Storage Capacity of Completed Reservoirs in 2024 (by Water Resources Sub-region and Region)

地区	Region	已建成水库 Completed Reservoirs		大型水库 Large Reservoir		中型水库 Medium Reservoir		小型水库 Small Reservoir	
		座数/座 Number/unit	总库容/亿立方米 Total Storage Capacity/10^8m^3	座数/座 Number/unit	总库容/亿立方米 Total Storage Capacity/10^8m^3	座数/座 Number/unit	总库容/亿立方米 Total Storage Capacity/10^8m^3	座数/座 Number/unit	总库容/亿立方米 Total Storage Capacity/10^8m^3
合 计	**Total**	**94608**	**10062**	**841**	**8124**	**4251**	**1222**	**89516**	**716**
松花江区	**Songhua River**	**1942**	**601**	**53**	**510**	**203**	**66**	**1686**	**25**
内蒙古	Inner Mongolia	65	135	6	127	16	7	43	1
吉 林	Jilin	1085	259	17	225	86	24	982	10
黑龙江	Heilongjiang	792	206	30	158	101	34	661	14
辽河区	**Liaohe River**	**1037**	**492**	**48**	**439**	**131**	**40**	**858**	**13**
内蒙古	Inner Mongolia	158	52	9	38	29	11	120	3
辽 宁	Liaoning	734	374	37	344	78	21	619	9
吉 林	Jilin	145	66	2	57	24	7	119	2
海河区	**Haihe River**	**1594**	**339**	**37**	**274**	**164**	**48**	**1393**	**17**
北 京	Beijing	80	52	3	46	17	5	60	1
天 津	Tianjin	21	25	3	22	8	3	10	0.2
河 北	Hebei	1008	208	24	185	47	16	937	7
山 西	Shanxi	275	28	4	13	36	11	235	4
内蒙古	Inner Mongolia	23	2	1	1	4	1	18	0.2
辽 宁	Liaoning	9	0.1					9	0.1
山 东	Shandong	80	10			34	7	46	3
河 南	Henan	98	13	2	7	18	5	78	1
黄河区	**Yellow River**	**2836**	**890**	**45**	**764**	**248**	**85**	**2543**	**41**
山 西	Shanxi	348	44	7	26	36	13	305	5
内蒙古	Inner Mongolia	129	20	2	6	26	11	101	3
山 东	Shandong	898	19	3	4	34	9	861	5
河 南	Henan	298	263	7	254	20	4	271	5
四 川	Sichuan	8	0.2					8	0.2
陕 西	Shaanxi	509	49	7	17	62	25	440	8
甘 肃	Gansu	166	89	4	78	18	7	144	4
青 海	Qinghai	152	380	14	373	15	4	123	2
宁 夏	Ningxia	328	26	1	6	37	12	290	8
淮河区	**Huaihe River**	**8611**	**403**	**61**	**270**	**295**	**79**	**8255**	**54**
江 苏	Jiangsu	418	20	3	9	19	6	396	5
安 徽	Anhui	1994	92	7	64	59	17	1928	12
山 东	Shandong	4549	156	35	90	162	41	4352	26
河 南	Henan	1650	133	16	107	55	15	1579	12

2-5 续表 continued

地区	Region	已建成水库 Completed Reservoirs 座数/座 Number/unit	总库容/亿立方米 Total Storage Capacity/10^8m^3	大型水库 Large Reservoir 座数/座 Number/unit	总库容/亿立方米 Total Storage Capacity/10^8m^3	中型水库 Medium Reservoir 座数/座 Number/unit	总库容/亿立方米 Total Storage Capacity/10^8m^3	小型水库 Small Reservoir 座数/座 Number/unit	总库容/亿立方米 Total Storage Capacity/10^8m^3
长江区	**Yangtze River**	**51944**	**4698**	**343**	**3896**	**1731**	**472**	**49870**	**330**
上　海	Shanghai	5	6	1	5	1	0.1	3	0.3
江　苏	Jiangsu	516	15	3	3	28	7	485	5
浙　江	Zhejiang	262	13	5	8	14	4	243	1
安　徽	Anhui	3159	111	10	81	52	14	3097	17
江　西	Jiangxi	10627	357	38	225	267	66	10322	66
河　南	Henan	481	28	3	16	30	9	448	3
湖　北	Hubei	6721	1265	79	1134	290	82	6352	50
湖　南	Hunan	13037	543	52	376	356	98	12629	70
广　西	Guangxi	149	9	2	3	13	4	134	1
重　庆	Chongqing	3083	139	21	90	118	29	2944	20
四　川	Sichuan	8261	765	60	634	259	81	7942	51
贵　州	Guizhou	2035	335	22	279	124	36	1889	20
云　南	Yunnan	2999	1028	34	978	136	30	2829	20
西　藏	Xizang	31	3	1	1	6	2	24	0.1
陕　西	Shaanxi	543	68	10	54	27	10	506	4
甘　肃	Gansu	27	10	2	8	8	2	17	0.5
青　海	Qinghai	8	1			2	0.3	6	0.3
东南诸河区	**Southeast Rivers**	**7707**	**650**	**54**	**494**	**356**	**100**	**7297**	**56**
浙　江	Zhejiang	4006	438	30	366	153	46	3823	27
安　徽	Anhui	135	4	1	2	4	1	130	0.7
福　建	Fujian	3566	208	23	126	199	52	3344	29
珠江区	**Pearl River**	**16784**	**1638**	**146**	**1248**	**834**	**239**	**15804**	**151**
湖　南	Hunan	181	4	1	1	5	1	175	1
广　东	Guangdong	7221	454	41	298	339	94	6841	61
广　西	Guangxi	4349	758	64	643	228	68	4057	47
海　南	Hainan	1109	122	12	84	78	25	1019	13
贵　州	Guizhou	666	177	8	153	55	16	603	8
云　南	Yunnan	3258	124	20	68	129	34	3109	21
西南诸河区	**Southwest Rivers**	**1200**	**82**	**11**	**48**	**92**	**24**	**1097**	**10**
云　南	Yunnan	1080	41	3	14	75	18	1002	9
西　藏	Xizang	120	41	8	34	17	7	95	1
青　海	Qinghai								
西北诸河区	**Northwest Rivers**	**953**	**269**	**43**	**181**	**197**	**69**	**713**	**19**
内蒙古	Inner Mongolia	97	5			14	3	83	2
甘　肃	Gansu	164	15	4	7	19	6	141	3
青　海	Qinghai	40	5	1	3	5	1	34	1
新　疆	Xinjiang	652	244	38	171	159	58	455	14

2-6 历年堤防长度、保护耕地、保护人口和达标长度

Length of Embankment and Dyke, Protected Farmland and Population, Length of Up-to-standard Embankment and Dyke by Year

年份 Year	长度 /千米 Length /km	保护耕地面积 /千公顷 Protected Cultivated Area /10^3hm^2	保护人口 /万人 Protected Population /10^4 persons	累计达标堤防长度 /千米 Accumulated Length of Up-to-standard Embankment and Dyke /km	#1级、2级堤防/千米 Grade-Ⅰ and Grade-Ⅱ Embankment and Dyke/km	新增达标堤防长度 /千米 Newly-increased Length of Up-to-standard Embankment and Dyke /km	主要堤防 Key Embankment and Dyke 长度 /千米 Length /km	主要堤防 Key Embankment and Dyke 保护耕地面积 /千公顷 Protected Cultivated Area /10^3hm^2	一般堤防 General Embankment and Dyke 长度 /千米 Length /km	一般堤防 General Embankment and Dyke 保护耕地面积 /千公顷 Protected Cultivated Area /10^3hm^2
1984	178958	35459					53046	22912	125912	12547
1985	177048	31060					53739	20714	123309	10346
1986	185045	31665					55706	21279	129339	10387
1987	200175	32205					56067	21131	144108	11073
1988	203709	32330					56267	21115	147442	11215
1989	216979	31966					56634	20785	160345	11180
1990	225770	31616					57499	20954	168271	10661
1991	237746	29507					59536	18257	178210	11251
1992	242246	29565					60112	18521	182134	11044
1993	245130	30885					61140	18639	183990	12246
1994	245876	30246					61803	18337	184073	11910
1995	246680	30609					63423	18777	183257	11833
1996	248243	32686					64706	21638	183537	11048
1997	250815	40476					65729	26982	185086	13493
1998	258600	36289					69879	24840	188721	11449
1999	266278	38575					74021	26014	192257	12561
2000	270364	39595	46586				76769	27458	193595	12137
2001	273401	40671	47939	76532	15875	8369				
2002	273786	42862	50049	82395	21181	11426				
2003	275171	43875	51304	88030	22854	5634				
2004	277305	43934	53065	94634	22679	6647				
2005	277450	44121	54174	98147	23240	3856				
2006	280850	45486	55403	106334	23609	5883				
2007	283770	45518	56487	109349	24347	4243				
2008	286896	45712	57289	112837	25309	5115				
2009	291420	46547	58978	116739	26256	4515				
2010	294104	46831	59853	121440	27865	4697				
2011	299911	42625	57216	128557	28419	7413				
2012	271661	42597	56566	177490	27949	11080				
2013	276823	42573	57138	179763	29452	9170				
2014	284425	42794	58584	188681	30382	9098				
2015	291417	40844	58608	196536	31164	8005				
2016	299322	41087	59468	201124	32266	6733				
2017	306200	40946	60557	210286	33381	9114				
2018	311932	41409	62837	217607	33983	8439				
2019	320250	41903	64168	227312	35267	9533				
2020	328121	42168	64591	239633	36882	8282				
2021	331048	42192	65193	247880	37634	8767				
2022	331638	41972	64284	252303	37736	6886				
2023	325037	41748	63941	256741	39668	8043				
2024	317702	43210	65585	257633	40776	11012				

2-7 2024 年堤防长度、保护耕地、保护人口和达标长度（按地区分）

Length of Embankment and Dyke, Protected Farmland and Population, Length of Up-to-standard Embankment and Dyke in 2024 (by Region)

地区	Region	长度 /千米 Length /km	保护耕地面积 /千公顷 Protected Cultivated Area /10^3hm^2	保护人口 /万人 Protected Population /10^4persons	累计达标堤防长度 /千米 Accumulated Length of Up-to-standard Embankment and Dyke /km	#1 级、2 级堤防/千米 Grade-Ⅰ and Grade-Ⅱ Embankment and Dyke /km	新增达标堤防长度 /千米 Newly-increased Length of Up-to-standard Embankment and Dyke /km
合　计	**Total**	**317702**	**43210**	**65585**	**257633**	**40776**	**11012**
北　京	Beijing	1628	209	437	1088	369	
天　津	Tianjin	3144	330	1363	1024	767	
河　北	Hebei	10669	2945	3162	6157	1696	191
山　西	Shanxi	8626	773	1117	7586	583	581
内蒙古	Inner Mongolia	7553	1802	1346	6048	1423	96
辽　宁	Liaoning	9377	1611	2143	8703	2051	7
吉　林	Jilin	7728	1374	1094	5583	1354	99
黑龙江	Heilongjiang	14322	4176	1304	11360	2143	103
上　海	Shanghai	1583	161	2485	1440	1163	1
江　苏	Jiangsu	50792	2912	5384	43514	5307	127
浙　江	Zhejiang	19230	831	3294	17306	1688	85
安　徽	Anhui	17483	2849	3456	13526	2830	378
福　建	Fujian	5744	516	1825	4682	282	229
江　西	Jiangxi	11125	1044	2229	9584	432	162
山　东	Shandong	18853	3890	4864	16409	5826	1292
河　南	Henan	16746	3556	4856	11588	1911	332
湖　北	Hubei	16254	2755	3414	9887	2984	97
湖　南	Hunan	10700	1187	2676	6358	1452	201
广　东	Guangdong	17626	1107	5805	12623	3318	216
广　西	Guangxi	2033	316	1156	1511	130	5
海　南	Hainan	688	82	375	433	67	27
重　庆	Chongqing	3248	203	1088	3133	189	198
四　川	Sichuan	9384	1027	3038	8831	386	790
贵　州	Guizhou	7048	448	1169	6775	214	1999
云　南	Yunnan	11472	783	1372	10298	184	1024
西　藏	Xizang	4280	1584	529	3671	155	638
陕　西	Shaanxi	6453	642	1266	6127	1108	168
甘　肃	Gansu	10111	609	1387	9764	393	602
青　海	Qinghai	3418	105	194	3263	145	525
宁　夏	Ningxia	953	192	231	896		
新　疆	Xinjiang	9431	3193	1528	8464	224	841

2-8　2024 年堤防长度、保护耕地、保护人口和达标长度（按水资源分区分）

Length of Embankment and Dyke, Protected Farmland and Population, Length of Up-to-standard Embankment and Dyke in 2024(by Water Resources Sub-region)

水资源一级区	Grade-Ⅰ Water Resources Regions	长度/千米 Length /km	保护耕地面积/千公顷 Protected Cultivated Area /10^3hm^2	保护人口/万人 Protected Population /10^4 persons	累计达标堤防长度/千米 Accumulated Length of Up-to-standard Embankment and Dyke /km	#1 级、2 级堤防/千米 Grade-Ⅰ and Grade-Ⅱ Embankment and Dyke /km	新增达标堤防长度/千米 Newly-increased Length of Up-to-standard Embankment and Dyke /km
合　计	**Total**	**317702**	**43210**	**65585**	**257633**	**40776**	**11012**
松花江区	Songhua River	22921	5702	2592	17981	3664	258
辽河区	Liaohe River	12899	2376	2775	11146	2708	37
海河区	Haihe River	23205	4960	6876	14335	4936	773
黄河区	Yellow River	26335	3516	5190	24297	3511	1210
淮河区	Huaihe River	68686	8777	10883	56381	9396	1040
长江区	Yangtze River	98363	9374	21761	78893	10906	3969
东南诸河区	Southeast Rivers	17474	1151	4437	15072	1498	296
珠江区	Pearl River	25306	1821	7969	18952	3553	1026
西南诸河区	Southwest Rivers	9290	1956	1173	8496	205	1149
西北诸河区	Northwest Rivers	13223	3578	1929	12078	400	1254

2-9 2024年堤防长度、保护耕地、保护人口和达标长度（按水资源分区和地区分）

Length of Embankment and Dyke, Protected Farmland and Population, Length of Up-to-standard Embankment and Dyke in 2024 (by Water Resources Sub-region and Region)

地区	Region	长度/千米 Length /km	保护耕地面积/千公顷 Protected Cultivated Area /10^3hm^2	保护人口/万人 Protected Population /10^4persons	累计达标堤防长度/千米 Accumulated Length of Up-to-standard Embankment and Dyke /km	#1级、2级堤防/千米 Grade-Ⅰ and Grade-Ⅱ Embankment and Dyke /km	新增达标堤防长度/千米 Newly-increased Length of Up-to-standard Embankment and Dyke /km
合 计	**Total**	**317702**	**43210**	**65585**	**257633**	**40776**	**11012**
松花江区	**Songhua River**	**22921**	**5702**	**2592**	**17981**	**3664**	**258**
内蒙古	Inner Mongolia	1624	390	374	1580	253	55
吉 林	Jilin	6975	1137	913	5042	1268	99
黑龙江	Heilongjiang	14322	4176	1304	11360	2143	103
辽河区	**Liaohe River**	**12899**	**2376**	**2775**	**11146**	**2708**	**37**
内蒙古	Inner Mongolia	2782	528	451	1915	574	32
辽 宁	Liaoning	9364	1611	2143	8690	2048	5
吉 林	Jilin	753	237	181	541	86	
海河区	**Haihe River**	**23205**	**4960**	**6876**	**14335**	**4936**	**773**
北 京	Beijing	1628	209	437	1088	369	
天 津	Tianjin	3144	330	1363	1024	767	
河 北	Hebei	10669	2945	3162	6157	1696	191
山 西	Shanxi	2714	262	343	2261	183	302
内蒙古	Inner Mongolia	78	3	29	75		
辽 宁	Liaoning	13		0.3	13	3	1
山 东	Shandong	3543	922	983	2940	1658	212
河 南	Henan	1416	290	559	777	260	67
黄河区	**Yellow River**	**26335**	**3516**	**5190**	**24297**	**3511**	**1210**
山 西	Shanxi	5912	511	774	5325	400	279
内蒙古	Inner Mongolia	2593	859	420	2062	597	7
山 东	Shandong	639	617	935	549	115	120
河 南	Henan	3461	534	823	3128	1068	129
四 川	Sichuan	212	2.3	12	211		1
陕 西	Shaanxi	3843	475	899	3579	988	118
甘 肃	Gansu	6045	278	965	5894	246	155
青 海	Qinghai	2676	47	130	2653	97	401
宁 夏	Ningxia	953	192	231	896		
淮河区	**Huaihe River**	**68686**	**8777**	**10883**	**56381**	**9396**	**1040**
江 苏	Jiangsu	34872	1987	2682	29656	2996	32
安 徽	Anhui	8053	1904	2059	6901	1776	
山 东	Shandong	14672	2351	2946	12920	4053	960
河 南	Henan	11089	2535	3197	6904	572	48

2-9 续表 continued

地区	Region	长度 /千米 Length /km	保护耕地面积 /千公顷 Protected Cultivated Area /10^3hm^2	保护人口 /万人 Protected Population /10^4persons	累计达标堤防长度 /千米 Accumulated Length of Up-to-standard Embankment and Dyke /km		新增达标堤防长度 /千米 Newly-increased Length of Up-to-standard Embankment and Dyke /km
						#1级、2级堤防/千米 Grade-Ⅰ and Grade-Ⅱ Embankment and Dyke /km	
长江区	**Yangtze River**	**98363**	**9374**	**21761**	**78893**	**10906**	**3969**
上　海	Shanghai	1583	161	2485	1440	1163	1
江　苏	Jiangsu	15920	925	2702	13858	2312	95
浙　江	Zhejiang	7688	209	719	7103	480	18
安　徽	Anhui	9241	933	1360	6437	1046	378
江　西	Jiangxi	11125	1044	2229	9584	432	162
河　南	Henan	780	197	277	780	11	87
湖　北	Hubei	16254	2755	3414	9887	2984	97
湖　南	Hunan	10681	1172	2626	6338	1452	201
广　西	Guangxi	33	26	23	33		
重　庆	Chongqing	3248	203	1088	3133	189	198
四　川	Sichuan	9172	1024	3026	8620	386	789
贵　州	Guizhou	4757	318	927	4571	201	1339
云　南	Yunnan	3625	212	366	3123	94	363
西　藏	Xizang	219	2	6	219	16	31
陕　西	Shaanxi	2610	167	367	2549	121	50
甘　肃	Gansu	1384	26	138	1211	20	159
青　海	Qinghai	43	0.1	8	6		2
东南诸河区	**Southeast Rivers**	**17474**	**1151**	**4437**	**15072**	**1498**	**296**
浙　江	Zhejiang	11542	623	2574	10202	1208	67
安　徽	Anhui	188	12	38	188	8	
福　建	Fujian	5744	516	1825	4682	282	229
珠江区	**Pearl River**	**25306**	**1821**	**7969**	**18952**	**3553**	**1026**
湖　南	Hunan	19	16	50	19		
广　东	Guangdong	17626	1107	5805	12623	3318	216
广　西	Guangxi	2001	290	1133	1479	130	5
海　南	Hainan	688	82	375	433	67	27
贵　州	Guizhou	2292	130	242	2204	13	660
云　南	Yunnan	2681	196	364	2194	25	118
西南诸河区	**Southwest Rivers**	**9290**	**1956**	**1173**	**8496**	**205**	**1149**
云　南	Yunnan	5165	374	642	4980	66	542
西　藏	Xizang	4060	1582	523	3451	139	607
青　海	Qinghai	65		9	65		
西北诸河区	**Northwest Rivers**	**13223**	**3578**	**1929**	**12078**	**400**	**1254**
内蒙古	Inner Mongolia	477	22	71	416		2
甘　肃	Gansu	2681	305	284	2659	127	289
青　海	Qinghai	634	57	47	540	48	121
新　疆	Xinjiang	9431	3193	1528	8464	224	841

2-10 历年水闸数量
Number of Water Gates by Year

单位：座 unit: unit

年份 Year	合计 Total	按过闸流量大小分 Classified According to Flow			按作用分 Classified According to Functions				
		大型 Large Gate	中型 Medium Gate	小型 Small Gate	分洪闸 Flood Diversion Gate	节制闸 Control Gate	排水闸 Drainage Gate	引水闸 Water Diversion Gate	挡潮闸 Tide Gate
1982	24906	253	1949	22704					
1983	24980	263	1912	22805					
1984	24862	290	1941	22631					
1985	24816	294	1957	22565					
1986	25315	299	2032	22984					
1987	26131	299	2060	23772					
1988	26319	300	2060	23959					
1989	26739	308	2086	24345					
1990	27649	316	2126	25207					
1991	29390	320	2228	26842					
1992	30571	322	2296	27953					
1993	30730	325	2676	27729					
1994	31097	320	2740	28037					
1995	31434	333	2794	28307					
1996	31427	333	2821	28273					
1997	31697	340	2836	28521					
1998	31742	353	2910	28479					
1999	32918	359	3025	29534					
2000	33702	402	3115	30185					
2001	36875	410							
2002	39144	431							
2003	39834	416							
2004	39313	413							
2005	39839	405							
2006	41209	426	3495	37288					
2007	41110	438	3531	37141	2656	11663	14288	7562	4941
2008	41626	504	4182	36940	2647	11904	14381	7686	5008
2009	42523	565	4661	37297	2672	12824	14488	7895	4644
2010	43300	567	4692	38041	2797	12951	14676	8182	4694
2011	44306	599	4767	38942	2878	13313	14937	8427	4751
2012	97256	862	6308	90086	7962	55297	17229	10955	5813
2013	98192	870	6336	90986	7985	55758	17509	11106	5834
2014	98686	875	6360	91451	7993	56157	17581	11124	5831
2015	103964	888	6401	96675	10817	54687	18800	14296	5364
2016	105283	892	6473	97918	10557	57013	18210	14350	5153
2017	103878	892	6504	96482	8363	57670	18280	14435	5130
2018	104403	897	6534	96972	8373	57972	18355	14570	5133
2019	103575	892	6621	96062	8293	57831	18449	13830	5172
2020	103474	914	6697	95863	8249	57942	18345	13829	5109
2021	100321	923	6273	93125	8193	55569	17808	13796	4955
2022	96348	957	5951	89440	7621	53892	17158	13066	4611
2023	94460	911	5851	87698	7300	53320	16857	12461	4522
2024	90308	1002	6003	83303	7022	51342	16506	11264	4174

2-11　2024年水闸数量（按地区分）

Number of Water Gates in 2024 (by Region)

单位：座　　　　unit: unit

地区	Region	合计 Total	按过闸流量大小分 Classified According to Flow			按作用分 Classified According to Functions				
			大型 Large Gate	中型 Medium Gate	小型 Small Gate	分洪闸 Flood Diversion Gate	节制闸 Control Gate	排水闸 Drainage Gate	引水闸 Water Diversion Gate	挡潮闸 Tide Gate
合　计	**Total**	**90308**	**1002**	**6003**	**83303**	**7022**	**51342**	**16506**	**11264**	**4174**
北　京	Beijing	594	14	66	514	27	422	87	58	
天　津	Tianjin	1192	13	51	1128	33	523	314	313	9
河　北	Hebei	2569	31	259	2279	157	1574	436	367	35
山　西	Shanxi	509	8	25	476	61	257	78	113	
内蒙古	Inner Mongolia	1737	7	106	1624	255	945	59	478	
辽　宁	Liaoning	946	35	140	771	50	433	183	240	40
吉　林	Jilin	467	19	65	383	74	203	101	89	
黑龙江	Heilongjiang	1306	11	127	1168	192	345	530	239	
上　海	Shanghai	2649		71	2578	1	2613			35
江　苏	Jiangsu	19566	41	510	19015	294	14458	2052	2616	146
浙　江	Zhejiang	8688	18	408	8262	330	5399	1066	226	1667
安　徽	Anhui	4194	68	360	3766	492	2073	1217	412	
福　建	Fujian	1422	31	220	1171	382	261	347	65	367
江　西	Jiangxi	4425	29	249	4147	1135	1882	997	411	
山　东	Shandong	3482	112	475	2895	185	2178	557	538	24
河　南	Henan	3805	42	309	3454	152	1557	1546	550	
湖　北	Hubei	7367	34	216	7117	425	4008	1909	1025	
湖　南	Hunan	7278	202	723	6353	750	4723	1060	745	
广　东	Guangdong	6708	103	611	5994	689	1153	2880	328	1658
广　西	Guangxi	1131	45	145	941	168	302	365	105	191
海　南	Hainan	90	15	46	29	16	69		3	2
重　庆	Chongqing	12	2	9	1	1	10	1		
四　川	Sichuan	1810	74	158	1578	459	893	64	394	
贵　州	Guizhou	19	1	2	16		4	3	12	
云　南	Yunnan	1604	3	188	1413	99	1225	39	241	
西　藏	Xizang	43	1	6	36	5	16		22	
陕　西	Shaanxi	500	4	11	485	32	171	167	130	
甘　肃	Gansu	1312	4	77	1231	165	822	106	219	
青　海	Qinghai	116	6	33	77	1	23	10	82	
宁　夏	Ningxia	374		15	359	31	187	100	56	
新　疆	Xinjiang	4393	29	322	4042	361	2613	232	1187	

2-12 2024年水闸数量（按水资源分区分）

Number of Water Gates in 2024 (by Water Resources Sub-region)

单位：座 unit: unit

水资源一级区	Grade-Ⅰ Water Resources Regions	合计 Total	按过闸流量大小分 Classified According to Flow			按作用分 Classified According to Functions				
			大型 Large Gate	中型 Medium Gate	小型 Small Gate	分洪闸 Flood Diversion Gate	节制闸 Control Gate	排水闸 Drainage Gate	引水闸 Water Diversion Gate	挡潮闸 Tide Gate
合　计	**Total**	**90308**	**1002**	**6003**	**83303**	**7022**	**51342**	**16506**	**11264**	**4174**
松花江区	Songhua River	1884	28	196	1660	266	597	648	373	
辽河区	Liaohe River	1645	40	206	1399	239	767	201	398	40
海河区	Haihe River	6474	80	539	5855	352	3646	1272	1153	51
黄河区	Yellow River	2501	29	135	2337	181	1250	449	621	
淮河区	Huaihe River	21305	211	1192	19902	530	13539	4099	2993	144
长江区	Yangtze River	36024	367	1835	33822	3389	24083	5172	3321	59
东南诸河区	Southeast Rivers	5780	49	592	5139	617	1763	1083	288	2029
珠江区	Pearl River	8663	165	872	7626	922	2036	3274	580	1851
西南诸河区	Southwest Rivers	231	1	39	191	23	156	11	41	
西北诸河区	Northwest Rivers	5801	32	397	5372	503	3505	297	1496	

2-13 2024年水闸数量（按水资源分区和地区分）

Number of Water Gates in 2024 (by Water Resources Sub-region and Region)

单位：座　　unit: unit

地区	Region	合计 Total	按过闸流量大小分 Classified According to Flow			按作用分 Classified According to Functions				
			大型 Large Gate	中型 Medium Gate	小型 Small Gate	分洪闸 Flood Diversion Gate	节制闸 Control Gate	排水闸 Drainage Gate	引水闸 Water Diversion Gate	挡潮闸 Tide Gate
合　计	**Total**	**90308**	**1002**	**6003**	**83303**	**7022**	**51342**	**16506**	**11264**	**4174**
松花江区	**Songhua River**	**1884**	**28**	**196**	**1660**	**266**	**597**	**648**	**373**	
内蒙古	Inner Mongolia	163		18	145	10	76	26	51	
吉　林	Jilin	415	17	51	347	64	176	92	83	
黑龙江	Heilongjiang	1306	11	127	1168	192	345	530	239	
辽河区	**Liaohe River**	**1645**	**40**	**206**	**1399**	**239**	**767**	**201**	**398**	**40**
内蒙古	Inner Mongolia	661	6	55	600	179	307	9	166	
辽　宁	Liaoning	932	32	137	763	50	433	183	226	40
吉　林	Jilin	52	2	14	36	10	27	9	6	
海河区	**Haihe River**	**6474**	**80**	**539**	**5855**	**352**	**3646**	**1272**	**1153**	**51**
北　京	Beijing	594	14	66	514	27	422	87	58	
天　津	Tianjin	1192	13	51	1128	33	523	314	313	9
河　北	Hebei	2569	31	259	2279	157	1574	436	367	35
山　西	Shanxi	264		11	253	33	100	54	77	
内蒙古	Inner Mongolia	2			2				2	
辽　宁	Liaoning	14	3	3	8				14	
山　东	Shandong	1185	16	108	1061	48	662	238	230	7
河　南	Henan	654	3	41	610	54	365	143	92	
黄河区	**Yellow River**	**2501**	**29**	**135**	**2337**	**181**	**1250**	**449**	**621**	
山　西	Shanxi	245	8	14	223	28	157	24	36	
内蒙古	Inner Mongolia	731	1	29	701	49	450	23	209	
山　东	Shandong	88	9	7	72	10	35	24	19	
河　南	Henan	531	3	25	503	17	225	134	155	
四　川	Sichuan									
陕　西	Shaanxi	334	1	6	327	5	131	92	106	
甘　肃	Gansu	170	1	7	162	40	50	49	31	
青　海	Qinghai	28	6	32	-10	1	15	3	9	
宁　夏	Ningxia	374		15	359	31	187	100	56	
淮河区	**Huaihe River**	**21305**	**211**	**1192**	**19902**	**530**	**13539**	**4099**	**2993**	**144**
江　苏	Jiangsu	13968	37	331	13600	151	9729	1798	2163	127
安　徽	Anhui	2670	52	265	2353	175	1441	790	264	
山　东	Shandong	2209	87	360	1762	127	1481	295	289	17
河　南	Henan	2458	35	236	2187	77	888	1216	277	

2-13　续表 continued

地区	Region	合计 Total	按过闸流量大小分 Classified According to Flow			按作用分 Classified According to Functions				
			大型 Large Gate	中型 Medium Gate	小型 Small Gate	分洪闸 Flood Diversion Gate	节制闸 Control Gate	排水闸 Drainage Gate	引水闸 Water Diversion Gate	挡潮闸 Tide Gate
长江区	**Yangtze River**	**36024**	**367**	**1835**	**33822**	**3389**	**24083**	**5172**	**3321**	**59**
上　海	Shanghai	2649		71	2578	1	2613			35
江　苏	Jiangsu	5598	4	179	5415	143	4729	254	453	19
浙　江	Zhejiang	4333	1	36	4296	96	3899	330	3	5
安　徽	Anhui	1521	15	95	1411	316	630	427	148	
江　西	Jiangxi	4425	29	249	4147	1135	1882	997	411	
河　南	Henan	162	1	7	154	4	79	53	26	
湖　北	Hubei	7367	34	216	7117	425	4008	1909	1025	
湖　南	Hunan	7274	202	719	6353	750	4720	1060	744	
广　西	Guangxi	16	1		15		8		8	
重　庆	Chongqing	12	2	9	1	1	10	1		
四　川	Sichuan	1810	74	158	1578	459	893	64	394	
贵　州	Guizhou	15	1		14		3		12	
云　南	Yunnan	674		91	583	32	569	2	71	
西　藏	Xizang									
陕　西	Shaanxi	166	3	5	158	27	40	75	24	
甘　肃	Gansu									
青　海	Qinghai	2			2				2	
东南诸河区	**Southeast Rivers**	**5780**	**49**	**592**	**5139**	**617**	**1763**	**1083**	**288**	**2029**
浙　江	Zhejiang	4355	17	372	3966	234	1500	736	223	1662
安　徽	Anhui	3	1		2	1	2			
福　建	Fujian	1422	31	220	1171	382	261	347	65	367
珠江区	**Pearl River**	**8663**	**165**	**872**	**7626**	**922**	**2036**	**3274**	**580**	**1851**
湖　南	Hunan	4		4			3		1	
广　东	Guangdong	6708	103	611	5994	689	1153	2880	328	1658
广　西	Guangxi	1115	44	145	926	168	294	365	97	191
海　南	Hainan	90	15	46	29	16	69		3	2
贵　州	Guizhou	4		2	2		1	3		
云　南	Yunnan	742	3	64	675	49	516	26	151	
西南诸河区	**Southwest Rivers**	**231**	**1**	**39**	**191**	**23**	**156**	**11**	**41**	
云　南	Yunnan	188		33	155	18	140	11	19	
西　藏	Xizang	43	1	6	36	5	16		22	
青　海	Qinghai									
西北诸河区	**Northwest Rivers**	**5801**	**32**	**397**	**5372**	**503**	**3505**	**297**	**1496**	
内蒙古	Inner Mongolia	180		4	176	17	112	1	50	
甘　肃	Gansu	1142	3	70	1069	125	772	57	188	
青　海	Qinghai	86		1	85		8	7	71	
新　疆	Xinjiang	4393	29	322	4042	361	2613	232	1187	

2-14 历年水旱灾害

Flood and Drought Disasters by Year

年份 Year	洪灾 Flood Disasters							旱灾 Drought Disasters		
	农作物受灾面积 /千公顷 Cropland Area Affected by Flood /10^3hm^2	农作物成灾面积 /千公顷 Cropland Area Damaged by Flood /10^3hm^2	成灾率 /% Percentage of Damaged Area /%	受灾人口 /万人 Affected Population /10^4persons	死亡失踪人口/人 Death and Missing /person	直接经济损失/亿元 Total Direct Economic Losses /10^8yuan	水利设施经济损失/亿元 Economic Loss of Water Facilities /10^8yuan	农作物受灾面积/千公顷 Cropland Area Affected by Drought /10^3hm^2	农作物成灾面积/千公顷 Cropland Area Damaged by Drought /10^3hm^2	成灾率 /% Percentage of Damaged Area /%
1950	6559	4710	71.8		1982			2398	589	24.6
1951	4173	1476	35.4		7819			7829	2299	29.4
1952	2794	1547	55.4		4162			4236	2565	60.6
1953	7187	3285	45.7		3308			8616	1341	15.6
1954	16131	11305	70.1		42447			2988	560	18.7
1955	5247	3067	58.5		2718			13433	4024	30.0
1956	14377	10905	75.9		10676			3127	2051	65.6
1957	8083	6032	74.6		4415			17205	7400	43.0
1958	4279	1441	33.7		3642			22361	5031	22.5
1959	4813	1817	37.8		4540			33807	11173	33.1
1960	10155	4975	49.0		6033			38125	16177	42.4
1961	8910	5356	60.1		5074			37847	18654	49.3
1962	9810	6318	64.4		4350			20808	8691	41.8
1963	14071	10479	74.5		10441			16865	9021	53.5
1964	14933	10038	67.2		4288			4219	1423	33.7
1965	5587	2813	50.3		1906			13631	8107	59.5
1966	2508	950	37.9		1901			20015	8106	40.5
1967	2599	1407	54.1		1095			6764	3065	45.3
1968	2670	1659	62.1		1159			13294	7929	59.6
1969	5443	3265	60.0		4667			7624	3442	45.1
1970	3129	1234	39.4		2444			5723	1931	33.7
1971	3989	1481	37.1		2323			25049	5319	21.2
1972	4083	1259	30.8		1910			30699	13605	44.3
1973	6235	2577	41.3		3413			27202	3928	14.4
1974	6431	2737	42.6		1849			25553	2296	9.0
1975	6817	3467	50.9		29653			24832	5318	21.4
1976	4197	1329	31.7		1817			27492	7849	28.5
1977	9095	4989	54.9		3163			29852	7005	23.5
1978	2820	924	32.8		1796			40169	17969	44.7
1979	6775	2870	42.4		3446			24646	9316	37.8
1980	9146	5025	54.9		3705			26111	12485	47.8
1981	8625	3973	46.1		5832			25693	12134	47.2
1982	8361	4463	53.4		5323			20697	9972	48.2
1983	12162	5747	47.3		7238			16089	7586	47.2
1984	10632	5361	50.4		3941			15819	7015	44.3
1985	14197	8949	63.0		3578			22989	10063	43.8
1986	9155	5601	61.2		2761			31042	14765	47.6
1987	8686	4104	47.2		3749			24920	13033	52.3
1988	11949	6128	51.3		4094			32904	15303	46.5
1989	11328	5917	52.2		3270			29358	15262	52.0

2-14 续表 continued

年份 Year	洪灾 Flood Disasters							旱灾 Drought Disasters		
	农作物受灾面积 /千公顷 Cropland Area Affected by Flood /10^3hm^2	农作物成灾面积 /千公顷 Cropland Area Damaged by Flood /10^3hm^2	成灾率 /% Percentage of Damaged Area /%	受灾人口 /万人 Affected Population /10^4persons	死亡失踪人口/人 Death and Missing /person	直接经济损失/亿元 Total Direct Economic Losses /10^8yuan	水利设施经济损失/亿元 Economic Loss of Water Facilities /10^8yuan	农作物受灾面积/千公顷 Cropland Area Affected by Drought /10^3hm^2	农作物成灾面积/千公顷 Cropland Area Damaged by Drought /10^3 hm^2	成灾率 /% Percentage of Damaged Area /%
1990	11804	5605	47.5		3589	239		18175	7805	42.9
1991	24596	14614	59.4		5113	779		24914	10559	42.4
1992	9423	4464	47.4		3012	413		32980	17049	51.7
1993	16387	8610	52.5		3499	642		21098	8659	41.0
1994	18859	11490	60.9	21523	5340	1797		30282	17049	56.3
1995	14367	8001	55.7	20070	3852	1653		23455	10374	44.2
1996	20388	11823	58.0	25384	5840	2208		20151	6247	31.0
1997	13135	6515	49.6	18067	2799	930		33514	20010	59.7
1998	22292	13785	61.8	18655	4150	2551	287	14237	5068	35.6
1999	9605	5389	56.1	13013	1896	930	132	30153	16614	55.1
2000	9045	5396	59.7	12936	1942	712	103	40541	26777	66.0
2001	7138	4253	59.6	11087	1605	623	98	38480	23702	61.6
2002	12384	7439	60.1	15204	1819	838	166	22207	13247	59.7
2003	20366	13000	63.8	22572	1551	1301	173	24852	14470	58.2
2004	7782	4017	51.6	10673	1282	714	113	17255	7951	46.1
2005	14967	8217	54.9	20026	1660	1662	249	16028	8479	52.9
2006	10522	5592	53.2	13882	2276	1333	208	20738	13411	64.7
2007	12549	5969	47.6	17698	1230	1123	177	29386	16170	55.0
2008	8867	4537	51.2	14047	865	955	172	12137	6798	56.0
2009	8748	3796	43.4	11102	648	846	148	29259	13197	45.1
2010	17867	8728	48.9	21085	4225	3745	692	13259	8987	67.8
2011	7192	3393	47.2	8942	640	1301	210	16304	6599	40.4
2012	11218	5871	52.3	12367	832	2675	468	9333	3509	37.6
2013	11901	6623	55.7	12022	1149	3146	445	11220	6971	62.1
2014	5919	2830	47.8	7382	577	1574	249	12272	5677	46.3
2015	6132	3054	49.8	7641	400	1661	254	10067	5577	55.4
2016	9443	5063	53.6	10095	893	3643	698	9873	6131	62.0
2017	5196	2781	53.5	5515	355	2143	345	9946	4490	45.1
2018	6427	3131	48.7	5577	219	1615	258	7397	3667	49.6
2019	6680	3929	58.8	4767	658	1923	409	7838	4760	60.7
2020	7190	4118	57.3	7862	279	2670	646	5081	2759	54.3
2021	4760	2643	55.5	5901	590	2459	481	3426	1949	56.9
2022	3414	1835	53.7	3385	171	1289	319	6090	2858	46.9
2023	4633	2321	50.1	5279	309	2446	634	3804	1489	39.1
2024	6036			5331	436	2598	726	1206		

注　2019—2024 年因洪涝农作物受灾面积、农作物成灾面积、受灾人口、死亡失踪人口、直接经济损失，因旱农作物受灾面积、成灾面积等数据来源于应急管理部。

Note　The data on the affected area and damaged area of crops, affected population, death and missing, total direct economic losses due to floods from 2019–2024, as well as the affected area, damaged area of crops due to drought are sourced from Ministry of Emergency Management.

2-15 2024 年水旱灾害（按地区分）

Flood and Drought Disasters in 2024(by Region)

地区	Region	洪灾 Flood Disasters 农作物受灾面积/千公顷 Cropland Area Affected by Flood /10^3hm^2	受灾人口/万人 Affected Population /10^4persons	死亡失踪人口/人 Death and Missing /person	直接经济损失/亿元 Total Direct Economic Losses /10^8yuan	水利设施经济损失/亿元 Economic Loss of Water Facilities /10^8yuan	旱灾 Drought Disasters 农作物受灾面积/千公顷 Cropland Area Affected by Drought /10^3hm^2	农作物绝收面积/千公顷 Cropland Area Failed by Drought /10^3hm^2
合　计	**Total**	**6035.81**	**5331.43**	**436**	**2598.10**	**725.88**	**1206.24**	**135.41**
北　京	Beijing	0.03	0.07		0.35	1.32		
天　津	Tianjin	1.48	1.68		4.06	0.29		
河　北	Hebei	117.29	57.59	6	12.67	6.39	33.06	5.31
山　西	Shanxi	16.23	8.17		1.54	0.12	263.36	64.38
内蒙古	Inner Mongolia	1040.48	136.77	13	89.95	6.56	132.47	5.61
辽　宁	Liaoning	648.57	258.87	27	289.60	64.49		
吉　林	Jilin	141.99	82.09	2	152.17	46.2		
黑龙江	Heilongjiang	84.44	20.72		17.16	6.97		
上　海	Shanghai							
江　苏	Jiangsu	2.85	1.87		0.61	3.69		
浙　江	Zhejiang	22.05	17.02		35.57	10.98		
安　徽	Anhui	168.92	174.13	12	87.38	30.3		
福　建	Fujian	66.25	108.64		137.41	33.1		
江　西	Jiangxi	354.66	330.27	1	67.04	23.83		
山　东	Shandong	44.11	41.90		6.74	3.81	58.35	0.97
河　南	Henan	1275.04	1411.13	4	239.34	45.82	5.60	
湖　北	Hubei	307.63	264.76		39.75	24.98	122.82	5.10
湖　南	Hunan	936.14	690.83	53	526.94	147.88	23.09	3.13
广　东	Guangdong	95.83	117.51	100	175.65	53.17		
广　西	Guangxi	122.90	305.44	6	105.30	24.12		
海　南	Hainan	0.04	1.28	8	0.41	15.71	0.01	
重　庆	Chongqing	65.50	108.65	5	41.25	7.88	98.25	14.30
四　川	Sichuan	103.13	475.83	51	104.03	48.47	91.48	7.08
贵　州	Guizhou	77.47	178.33		61.08	8.71	77.65	6.15
云　南	Yunnan	133.03	237.44		44.39	10.25	109.71	4.00
西　藏	Xizang	2.15	7.85		4.82	2.42	0.01	
陕　西	Shaanxi	104.74	147.34	96	221.51	50.71	183.46	19.38
甘　肃	Gansu	53.25	106.88	19	92.29	25.75		
青　海	Qinghai	24.29	28.41	8	29.95	7.88		
宁　夏	Ningxia	13.50	5.68	8	5.28	3.14	3.38	
新　疆	Xinjiang	11.80	4.30	17	3.86	9.06	3.53	0.01
流　域 直　属	River Basin Commissions					1.84		

注　因洪涝农作物受灾面积、受灾人口、死亡失踪人口、直接经济损失，因旱农作物受灾面积、绝收面积等数据来源于应急管理部。部分地区直接经济损失未完全包含水利工程设施经济损失。

Note　The data on the affected area of crops, affected population, death and missing, total direct economic losses, due to flood, as well as affected area, failed area of crops due to drought are sourced from Ministry of Emergency Management. Total direct economic losses in some regions do not fully include economic losses of water projects.

2-16 历年除涝面积和治碱面积

Drainage and Saline Control Areas by Year

单位：千公顷 unit: 10^3hm^2

年份 Year	除涝面积合计 Total Drainage Control Area	3～5 年一遇标准 3-5 Years Return Period	5 年以上一遇标准 More than 5 Years Return Period	盐碱耕地面积 Area of Saline and Alkaline Farmland	盐碱耕地改良面积 Area of Improved Saline and Alkaline Farmland
1982	18092.67	7210.67	10882.00	7243.33	4265.33
1983	18200.67	7194.67	11006.00	7243.33	4391.33
1984	18399.33	7157.33	11242.00	7357.33	4474.00
1985	18584.00	7217.33	11366.67	7331.33	4569.33
1986	18760.67	7430.67	11330.00	7692.00	4623.33
1987	18958.00	7521.33	11436.67	7606.67	4755.33
1988	19064.00	7532.00	11532.00	7636.00	4830.00
1989	19229.33	7566.00	11663.33	7672.00	4883.33
1990	19336.66	7671.33	11665.33	7538.67	4995.09
1991	19580.30	8004.00	11576.30	7539.33	5110.09
1992	19769.76	7996.88	11772.88	7617.83	5210.21
1993	19883.48	8068.40	11815.08	7633.22	5304.62
1994	19678.55	8172.43	11506.12	7655.82	5350.83
1995	20055.64	8241.97	11813.67	7655.82	5433.91
1996	20278.74	8367.67	11911.07		5513.15
1997	20525.80	8540.54	11985.26		5612.25
1998	20680.73	8645.98	12034.75		5653.94
1999	20838.48	8878.23	11960.25		5736.82
2000	20989.70	8812.76	12176.94		5841.36
2001	21021.33	8841.33	12180.00		5750.67
2002	21097.11	8916.94	12180.17		5282.86
2003	21137.31	8918.54	12218.77		5864.59
2004	21198.00				5961.56
2005	21339.74	9272.60	12067.14		
2006	21376.31	9197.50	12178.80		
2007	21419.14	9208.24	12210.90		
2008	21424.55	9334.67	12089.87		
2009	21584.32	9370.59	12213.73		
2010	21691.74	9427.39	12264.35		
2011	21721.62	9505.51	12216.11		
2012	21857.33	9515.22	12342.11		
2013	21943.10	9517.05	12426.05		
2014	22369.34	9751.38	12617.97		
2015	22712.71	9796.27	12916.44		
2016	23066.67	9704.95	13361.72		
2017	23824.33	9526.26	14298.07		
2018	24261.74	9559.06	14702.68		
2019	24529.61	9468.05	15061.56		
2020	24586.43	9515.95	15070.48		
2021	24480.02	9521.72	14958.30		
2022	24128.77	9460.91	14667.86		
2023	25078.27	9736.94	15341.33		
2024	25358.76	9641.20	15717.56		

2-17 2024 年除涝面积（按地区分）

Drainage Control Area in 2024 (by Region)

单位：千公顷 unit: 10^3hm^2

地区	Region	除涝面积合计 Total Drainage Control Area	3～5 年一遇标准 3-5 Years Return Period	5～10 年一遇标准 5-10 Years Return Period	10 年以上一遇标准 More than 10 Years Return Period	新增除涝面积 Newly-increased Drainage Control Area
合 计	**Total**	**25358.76**	**9641.20**	**9384.80**	**6332.76**	**498.58**
北 京	Beijing					
天 津	Tianjin	377.68	84.68	226.16	66.84	16.07
河 北	Hebei	1622.47	806.28	744.71	71.48	
山 西	Shanxi	94.01	60.06	27.85	6.10	
内蒙古	Inner Mongolia	280.79	157.76	88.66	34.37	3.79
辽 宁	Liaoning	951.60	94.21	607.00	250.39	
吉 林	Jilin	1059.50	146.26	394.89	518.35	9.90
黑龙江	Heilongjiang	3426.95	2294.23	1112.25	20.47	69.47
上 海	Shanghai	50.58	3.19	6.07	41.32	0.29
江 苏	Jiangsu	4040.28	172.75	1151.80	2715.73	5.99
浙 江	Zhejiang	581.30	126.13	199.07	256.10	0.36
安 徽	Anhui	2584.12	990.04	1389.06	205.02	36.02
福 建	Fujian	163.99	90.15	52.60	21.24	0.98
江 西	Jiangxi	506.10	218.06	232.16	55.88	7.79
山 东	Shandong	3278.56	1624.38	1433.42	220.76	10.07
河 南	Henan	2194.91	1702.64	469.37	22.90	4.34
湖 北	Hubei	1440.80	235.60	444.59	760.61	12.32
湖 南	Hunan	1124.60	223.82	306.14	594.64	292.63
广 东	Guangdong	536.93	63.11	107.09	366.73	
广 西	Guangxi	249.74	131.17	101.81	16.76	6.61
海 南	Hainan	39.96	24.98	3.78	11.20	1.80
重 庆	Chongqing					
四 川	Sichuan	108.78	53.22	50.24	5.32	5.19
贵 州	Guizhou	155.19	60.78	79.27	15.14	10.42
云 南	Yunnan	336.74	197.15	103.05	36.54	3.10
西 藏	Xizang	5.42	1.51	3.49	0.42	
陕 西	Shaanxi	103.19	67.38	30.15	5.66	
甘 肃	Gansu	22.92	6.20	7.73	8.99	1.44
青 海	Qinghai					
宁 夏	Ningxia					
新 疆	Xinjiang	21.65	5.46	12.39	3.80	

2-18　2024 年除涝面积（按水资源分区分）

Drainage Control Area in 2024 (by Water Resources Sub-region)

单位：千公顷　　unit: 10^3hm^2

水资源一级区	Grade-I Water Resources Regions	除涝面积合计 Total Drainage Control Area	3～5 年一遇标准 3-5 Years Return Period	5～10 年一遇标准 5-10 Years Return Period	10 年以上一遇标准 More than 10 Years Return Period	新增除涝面积 Newly-increased Drainage Control Area
合　计	**Total**	**25358.76**	**9641.20**	**9384.80**	**6332.76**	**498.58**
松花江区	Songhua River	4391.69	2508.42	1412.40	470.87	83.16
辽河区	Liaohe River	1283.85	156.90	774.74	352.21	
海河区	Haihe River	3289.89	1579.18	1507.01	203.70	21.55
黄河区	Yellow River	594.73	371.60	166.07	57.06	0.06
淮河区	Huaihe River	8593.58	3251.07	3239.20	2103.31	16.77
长江区	Yangtze River	5585.15	1202.74	1765.47	2616.94	365.33
东南诸河区	Southeast Rivers	475.61	192.20	182.56	100.85	1.18
珠江区	Pearl River	992.46	289.49	299.17	403.80	10.23
西南诸河区	Southwest Rivers	129.35	84.14	25.79	19.42	0.30
西北诸河区	Northwest Rivers	22.45	5.46	12.39	4.60	

2-19 2024 年除涝面积（按水资源分区和地区分）

Drainage Control Area in 2024 (by Water Resources Sub-region and Region)

单位：千公顷 unit: 10^3hm^2

地区	Region	除涝面积合计 Total Drainage Control Area	3～5 年一遇标准 3-5 Years Return Period	5～10 年一遇标准 5-10 Years Return Period	10 年以上一遇标准 More than 10 Years Return Period	新增除涝面积 Newly-increased Drainage Control Area
合　计	**Total**	**25358.76**	**9641.20**	**9384.80**	**6332.76**	**498.58**
松花江区	**Songhua River**	**4391.69**	**2508.42**	**1412.40**	**470.87**	**83.16**
内蒙古	Inner Mongolia	110.65	89.85	20.80		3.79
吉　林	Jilin	854.09	124.34	279.35	450.40	9.90
黑龙江	Heilongjiang	3426.95	2294.23	1112.25	20.47	69.47
辽河区	**Liaohe River**	**1283.85**	**156.90**	**774.74**	**352.21**	
内蒙古	Inner Mongolia	126.84	40.77	52.20	33.87	
辽　宁	Liaoning	951.60	94.21	607.00	250.39	
吉　林	Jilin	205.41	21.92	115.54	67.95	
海河区	**Haihe River**	**3289.89**	**1579.18**	**1507.01**	**203.70**	**21.55**
北　京	Beijing					
天　津	Tianjin	377.68	84.68	226.16	66.84	16.07
河　北	Hebei	1622.47	806.28	744.71	71.48	
山　西	Shanxi	37.24	21.84	9.50	5.90	
内蒙古	Inner Mongolia	0.91	0.91			
辽　宁	Liaoning					
山　东	Shandong	1043.21	494.95	491.01	57.25	3.30
河　南	Henan	208.38	170.52	35.63	2.23	2.18
黄河区	**Yellow River**	**594.73**	**371.60**	**166.07**	**57.06**	**0.06**
山　西	Shanxi	56.77	38.22	18.35	0.20	
内蒙古	Inner Mongolia	42.39	26.23	15.66	0.50	
山　东	Shandong	117.13	28.01	43.24	45.88	0.06
河　南	Henan	273.95	218.42	54.72	0.81	
四　川	Sichuan	0.25	0.25			
陕　西	Shaanxi	91.05	59.87	26.37	4.81	
甘　肃	Gansu	13.19	0.60	7.73	4.86	
青　海	Qinghai					
宁　夏	Ningxia					
淮河区	**Huaihe River**	**8593.58**	**3251.07**	**3239.20**	**2103.31**	**16.77**
江　苏	Jiangsu	3055.63	158.00	1042.41	1855.22	3.43
安　徽	Anhui	1907.30	818.02	978.68	110.60	6.63
山　东	Shandong	2118.22	1101.42	899.17	117.63	6.71
河　南	Henan	1512.43	1173.63	318.94	19.86	

2-19 续表 continued

地区	Region	除涝面积合计 Total Drainage Control Area				新增除涝面积 Newly-increased Drainage Control Area
			3～5 年一遇标准 3-5 Years Return Period	5～10 年一遇标准 5-10 Years Return Period	10 年以上一遇标准 More than 10 Years Return Period	
长江区	**Yangtze River**	**5585.15**	**1202.74**	**1765.47**	**2616.94**	**365.33**
上 海	Shanghai	50.58	3.19	6.07	41.32	0.29
江 苏	Jiangsu	984.65	14.75	109.39	860.51	2.56
浙 江	Zhejiang	272.43	26.71	69.23	176.49	0.16
安 徽	Anhui	674.07	169.39	410.26	94.42	29.39
江 西	Jiangxi	506.10	218.06	232.16	55.88	7.79
河 南	Henan	200.15	140.07	60.08		2.16
湖 北	Hubei	1440.80	235.60	444.59	760.61	12.32
湖 南	Hunan	1120.41	221.43	304.96	594.02	292.63
广 西	Guangxi	3.80	1.93	1.58	0.29	
重 庆	Chongqing					
四 川	Sichuan	108.53	52.97	50.24	5.32	5.19
贵 州	Guizhou	76.41	34.22	29.28	12.91	8.78
云 南	Yunnan	126.15	71.31	43.85	10.99	2.62
西 藏	Xizang					
陕 西	Shaanxi	12.14	7.51	3.78	0.85	
甘 肃	Gansu	8.93	5.60		3.33	1.44
青 海	Qinghai					
东南诸河区	**Southeast Rivers**	**475.61**	**192.20**	**182.56**	**100.85**	**1.18**
浙 江	Zhejiang	308.87	99.42	129.84	79.61	0.20
安 徽	Anhui	2.75	2.63	0.12		
福 建	Fujian	163.99	90.15	52.60	21.24	0.98
珠江区	**Pearl River**	**992.46**	**289.49**	**299.17**	**403.80**	**10.23**
湖 南	Hunan	4.19	2.39	1.18	0.62	
广 东	Guangdong	536.93	63.11	107.09	366.73	
广 西	Guangxi	245.94	129.24	100.23	16.47	6.61
海 南	Hainan	39.96	24.98	3.78	11.20	1.80
贵 州	Guizhou	78.78	26.56	49.99	2.23	1.64
云 南	Yunnan	86.66	43.21	36.90	6.55	0.18
西南诸河区	**Southwest Rivers**	**129.35**	**84.14**	**25.79**	**19.42**	**0.30**
云 南	Yunnan	123.93	82.63	22.30	19.00	0.30
西 藏	Xizang	5.42	1.51	3.49	0.42	
青 海	Qinghai					
西北诸河区	**Northwest Rivers**	**22.45**	**5.46**	**12.39**	**4.60**	
内蒙古	Inner Mongolia					
甘 肃	Gansu	0.80			0.80	
青 海	Qinghai					
新 疆	Xinjiang	21.65	5.46	12.39	3.80	

主要统计指标解释

已建成水库座数 在河道、山谷或低洼地有水源，或可从另一河道引入水源的地方修建挡水坝或堤堰，形成具有拦洪蓄水和调节水量功能且总库容大于等于10万立方米的水利工程的数量。

大型水库：总库容在1亿立方米及以上。

中型水库：总库容在1000万（含1000万）～1亿立方米。

小型水库：总库容在10万（含10万）～1000万立方米。

水库库容 从设计规模和统计角度规定如下：

（1）总库容：即校核水位以下的库容。包括死库容、兴利库容、防洪库容（减掉和兴利库容重复部分）之综合。

（2）兴利库容：一般为正常高水位至死水位之间的库容。

（3）调洪库容或防洪库容：指校核洪水位与防洪限制水位（也称汛期限制水位）之间的库容。防汛限制水位是水库在汛期的下限水位，这个水位以上的库容在汛期专供滞蓄防洪标准内的洪水使用，洪水到来之前水库蓄水不允许超过此水位。

堤防长度 建成或基本建成的在江、河、湖、海岸边用于防洪、防潮的工程长度之总和，包括新中国成立前建成以及需要加固加高培厚的老堤防，但不包括单纯除涝河道的堤防和弃土形成的堤防，也不包括子埝和生产堤。所谓基本建成，是指按设计标准已经完成并能发挥设计效益，但还留有少量尾工的工程。

堤防保护人口 报告期堤防保护范围内的全部人口数。也就是假设河流在设计最大洪水通过时，如没有堤防或一旦堤防决口，所能淹及的最大范围内在报告期当年年末的全部人口数。

堤防保护耕地面积 堤防保护范围内的耕地面积。即按设计最大洪水通过时，假设不修堤防的情况下，洪水所能淹及的最大范围内的耕地面积。

累计达标堤防长度 根据《防洪标准》（GB 50201—2014）和江河防洪规划，已达到国家所认定的堤防等级的堤防长度。根据《防洪标准》（GB 50201—2014）规定，由于堤防保护的耕地面积和人口不同，以及城市、工矿企业、交通干线等防护对象的重要性程度不同，堤防工程的防洪标准不一样。达标堤防是指按《堤防工程设计规范》（GB 50286—2013）进行堤防工程标准设计，施工完成后达到设计规定要求的堤防。

堤防工程的级别 按防洪标准分为五个级别。堤防工程防护对象的防洪标准应按照《防洪标准》（GB 50201—2014）确定。

主要堤防 保护耕地面积在30万亩以上（包括30万亩）或保护重要工矿、企业、交通干线、国防设施、机场、主要城镇的河道堤防及海堤（海塘）。

水闸数量 水利工程中用以控制水流、水位、通航的水工建筑物的数量。关闭或开启闸门起到调节闸上、下游水位，控制泄流以达到防洪、引水、排水、通航、发电等作用。按流量划分：大型水闸指最大过闸流量1000立方米每秒及以上水闸；中型水闸指最大过闸流量100～1000立方米每秒的水闸；小型水闸指最大过闸流量10～100立方米每秒的水闸。

分洪闸 为了保护河道下游堤防及重要城镇、工厂、矿区的安全，在河道遇到特大洪水时宣泄部分洪水进入湖泊、洼地等分洪区（或滞洪区）中，以削减洪峰，免除洪水泛滥所造成的灾害而在河岸边修的水闸。

节制闸 为控制河渠、湖泊水位，保证引水、供水要求而修建的水闸。这种闸一般是拦河、渠而修建的，又称拦河闸。

排水闸 为排除内涝积水在河道两岸修建的闸，或在分洪区（或滞洪闸）出口处设置的尾水闸、退水闸。

引水闸 从河流、湖泊、水库中引水进行灌溉、发电等而在引水源口处设置的水闸，其功能主要是引水。

挡潮闸 在沿海河口附近修建的发挥排水、挡潮作用的水闸。

洪涝灾害 因降雨、融雪、冰凌、溃坝（堤）、风暴潮、热带气旋等造成的江河洪水、渍涝、山洪、滑坡和泥石流等，以及由其引发的次生灾害。

因洪涝农作物受灾面积 因洪涝灾害造成在田农作物产量损失一成以上（含一成）的播种面积（含成灾、绝收面积），同一地块的当季农作物遭受一次以上洪涝灾害时，只计其中最严重的一次。

因洪涝农作物成灾面积 因洪涝灾害造成在田农作物受灾面积中，产量损失三成以上（含三成）的播种面积（含绝收面积）。

干旱灾害 因降水少、水资源短缺，对城乡居民生活、工农业生产造成直接影响的旱情，以及旱情发生后给工农业生产造成的旱灾损失。

因旱农作物受灾面积 在受旱面积中作物产量比正常年产量减产一成以上的面积。

因旱农作物成灾面积 在受旱面积中作物产量比正常年产量减产三成以上（含三成）的面积。

除涝面积 通过水利工程如围埝、抽水等对易涝面积进行治理，使易涝耕地免除淹涝的面积称除涝面积。

按除涝的标准分为3～5年一遇标准、5～10年一遇标准和10年以上一遇标准。易涝面积虽经过治理，但标准尚未达到3年一遇标准的，不作为除涝面积统计。

盐碱耕地面积 土壤中含有盐碱、影响农作物生长甚至接近不能耕种的面积。

盐碱耕地改良面积 在新、老盐碱耕地上进行水利、农业和土壤改良等措施，在正常年景使农作物出苗率达到70%以上的面积。

Explanatory Notes of Main Statistical Indicators

Number of completed reservoirs Build water retaining dams or embankments in rivers, valleys, or low-lying areas where water sources are available, or where water sources can be introduced from another river, to form a number of water projects with flood retention, water storage, and water regulation functions. A total storage capacity of 100,000 cubic meters or more.

Large reservoir: the total storage capacity is over 100 million m^3 (including 100 million m^3).

Medium reservoir: the total storage capacity is between 10 million m^3 (including 10 million m^3) to 100 million m^3.

Small reservoir: the total storage capacity is between 0.1 million m^3 (including 0.1 million m^3) to 10 million m^3.

Storage capacity of reservoir Following indicators are defined according to the scale of design and needs of statistics.

1. Total storage capacity: refers to storage capacity under the check water level. Total storage capacity includes dead storage capacity, usable storage capacity, and flood control storage capacity (deducting the repeating part of usable storage).

2. Usable storage capacity: refers to storage capacity between levels of normal high to dead water.

3. Flood regulation capacity or flood control storage capacity: refers to storage capacity between check floodwater to floodwater limit (also termed limited water level in flood season). Floodwater limit refers to the lowest level of reservoir in flood season, which is used to store and detain floods specified by flood control standard; before floodwater comes, water level of reservoirs is not allowed to exceed this limit.

Length of embankment Total length of embankment is the sum of completed or mostly completed levees or dykes along a river and lake, sea dike, polder and flood control wall etc., including old embankments built before the founding of People's Republic of China in 1949 and those need to be strengthened, heightened and thickened, but excluding embankment purely for waterlogging control and spoil dike, as well as sub-cofferdam or production dikes. Mostly completed embankment refers to a project that has a few of works to end up, but it can put into use and generate benefit according to design standard.

Protected population of embankment Total population protected by embankment during report period. In another word, the total population inundated by flood as a maximum at the end of the year when the design maximum flood passes river courses and if no embankment or break of embankment exists.

Protected farmland of embankment Cultivated land under the protection of embankment, i.e. inundated farmland of flood as a maximum if design maximum flood passes and no embankment exists.

Accumulated length of up-to-standard embankment Total length of embankment that has reached national standard, in accordance of *National Standards for Flood Control* (GB 50201-2014) and river flood control planning. According to the current *National Standards for Flood Control* (GB 50201-2014), the standards of embankment can be varied in accordance with protected cultivated area or population and importance of protected target such as a city, industrial and mining enterprises or key transportation line. Up-to-standard embankment refers to those designed and constructed according to *Code for Desigh of Levee Project* (GB 50286-2013), and meet all requirements of original design upon completion.

Classification of embankment Embankment is classified into five categories according to flood control standards; the category of embankment for a protected target is determined according to the current *National Standards for Flood Control* (GB 50201-2014).

Key embankment and dyke Embankment or levees along the river or sea dikes used for protecting farmlands of above 300,000 mu (including 300,000 mu), or important pastures land, and those areas less than 300,000 mu but where have important mine, enterprise, transportation line, national defense facilities, airport and key cities and towns.

Number of water gates Number of hydraulic structures employed for controlling flow and water level or for navigation. When the gate is open or close, water level at upper and down stream and discharge can be controlled in order to realize flood prevention, water diversion, drainage, navigation, and power generation. According to water flow, large size refers to the gate with a check flow of 1,000 m^3/s or above; medium size refers to gate with a check flow of 100-1,000 m^3/s, and small size refers to gate with a check flow of 10-100 m^3/s.

Flood diversion gates Water gates are constructed beside river banks to protect the safety of dikes, major cities, factories, mines in lower reaches, and drain water into lakes, low ground or flood detention basins, in order to reduce flood peak and prevent flooding when severe flood happens.

Control gates Water gates are built to control water level of rivers, canals or lakes to ensure water diversion and water supply. Water control gates are also termed barrage gates.

Drainage gates Water gates are located beside river banks to drain waterlogging, or constructed in the outlets of flood detention basins (flood retarding gates) as tail locks and waste locks.

Water diversion gates Water gates are built in water sources to divert water from rivers, lakes and reservoirs to irrigate, generate hydropower, etc., but its main purpose is to divert water.

Tide gates Water gates are located in coastal estuaries to drain water or prevent tides.

Flood & waterlogging disasters River flood, waterlogging or inland inundation, mountain flood, landslide and mudflow caused by rainfall, snow melting, river ice jam, dam failure, storm tide and tropical cyclone, as well as secondary disasters induced by them.

Cropland are affected by flood Cultivated area (including damaged area and no harvest area) where loss of crop yield is more than 10% (including 10%) due to flood and waterlogging disasters; the most serious damage is calculated only when crop in same land suffer from more than one flood and waterlogging disaster during the same season.

Cropland area damaged by flood Cultivated area (including no harvest area) where loss of crop yield is more than 30% (including 30%) due to flood and waterlogging disasters.

Drought disaster It refers to a disaster that results in direct impact on life of people, industrial and agricultural production in urban and rural areas because of less precipitation and water shortage.

Cropland area affected by drought It refers to drought-affected area where loss of crop yield is 10% more than normal years.

Cropland area damaged by drought It refers to drought-affected area where loss of crop yield is 30% more (including 30%) than normal years.

Drainage control area The area of prone-waterlogging farmland controlled by waterworks such as cofferdams and water pump. The standard for waterlogging control is divided into 3–5 years, 5–10 years and above 10 years. Drainage control area do not include the farmland that has not reach to the waterlogging control standard of once in three years return period, even though efforts have been made to make improvement.

Area of saline and alkaline farmland The area cannot be or almost cannot be cultivated because the soil contains salt and alkaline that affects the growing of crops.

Reclaimed area of saline and alkaline farmland The reclaimed area of old or newly-emerged saline and alkaline farmlands that have a percentage of seedling emergence at and above 70% in normal years, thanks to the measure of water conservation, agricultural technology and soil improvement.

3 农业灌溉

Agricultural Irrigation

简 要 说 明

农业灌溉统计资料主要包括农田水利设施的数量和产生的效益，分为灌溉面积、灌区等。

农业灌溉资料按水资源一级分区和地区分组。

1. 灌溉面积统计范围：已建成或基本建成的灌溉工程、水利综合利用工程、农田水利工程的灌溉面积，包括水利、农业等部门建设的灌溉面积。

2. 按耕地灌溉面积达到万亩以上的统计口径调整2008年数据；2012年，灌区统计口径调整为设计灌溉面积2000亩及以上灌区。

3. 节水灌溉面积只统计利用工程措施节水的面积。

4. 灌溉面积历史资料汇总1951年至今数据；机电灌溉面积历史资料汇总1951—2012年数据。

5. 灌溉面积、灌区数据已与2011年水利普查数据进行了衔接。

Brief Introduction

Agricultural irrigation statistics mainly include the number and benefits of farmland water conservancy facilities, which are divided into irrigation area and irrigation district.

Agricultural irrigation data are grouped according to Grade-Ⅰ water resources regions and districts.

1. Statistical scope of irrigation area: irrigation area of irrigation projects that have been completed or basically completed, comprehensive utilization of water conservancy projects and farmland water conservancy projects, including irrigation area constructed by water conservancy, agriculture and other departments.

2. The data of 2008 were adjusted according to the statistical caliber of irrigated land reaching more than 10,000 mu. In 2012, the statistical caliber of irrigated areas was adjusted to irrigated areas with a designed irrigation area of 2,000 mu or more.

3. The water-saving irrigation area only counts the area that uses the engineering measures to save water.

4. Historical data of irrigated area are collected from 1951 until to present; electro-mechanical irrigated area are collected from 1951 to 2012.

5. The data of irrigated area and irrigation district have been connected with the First National Water Census in 2011.

3-1 主要指标

Key Indicators

指标名称	Item	单位	unit	2013	2014	2015	2016	2017	2018	2019	2020	2021	2022	2023	2024
灌溉面积	Irrigated Area	千公顷	10^3hm^2	69481	70652	72061	73177	73946	74542	75034	75687	78315	79036	80605	81743
耕地灌溉面积	Irrigated Area of Cultivated Land	千公顷	10^3hm^2	63473	64540	65873	67141	67816	68272	68679	69161	69609	70359	71644	72432
占耕地面积①	In Total Cultivated Land	%	%	52.9	53.8	48.8	49.8	50.3	50.7	51.0	51.3	51.6	55.1	56.1	56.3①
林地灌溉面积	Irrigated Area of Forest Land	千公顷	10^3hm^2	2111	2229	2211	2388	2403	2510	2601	2672		3722	4035	4177
园地灌溉面积	Irrigated Area of Orchard Garden	千公顷	10^3hm^2	2315	2376	2433	2572	2624	2646	2653	2705		4103	4135	4315
牧草地灌溉面积	Irrigated Area of Grassland	千公顷	10^3hm^2	1059	1092	1079	1076	1104	1115	1102	1150		853	790	819
耕地实灌面积	Actual Irrigated Cultivated Land	千公顷	10^3hm^2	53105	54975	56739	58107	58553	58574	57914	58352	58322	58758	59313	60397
占耕地灌溉面积	In Irrigated Area of Cultivated Land	%	%	83.7	85.2	86.1	86.5	86.3	85.8	84.3	84.4	83.8	83.5	82.8	83.4
节水灌溉面积	Water-saving Irrigated Area	千公顷	10^3hm^2	27109	29019	31060	32847	34319	36135	37059	37796				42503

① 耕地面积按国家统计局《2024年中国统计年鉴》数据19.29亿亩。

① The data of cultivated land is 19.29×10^8 mu, and sourced from *China Statistical Yearbook 2024*.

3-2 历年灌溉面积

Irrigated Area by Year

单位：千公顷 unit: $10^3 hm^2$

年份 Year	灌溉面积总计 Total Irrigated Area	耕地灌溉面积 Irrigated Area of Cultivated Land	林地灌溉面积 Irrigated Area of Forest	园地灌溉面积 Irrigated Area of Orchard Garden	牧草地灌溉面积 Irrigated Area of Pasture	其他灌溉面积 Others	耕地实灌面积 Actual Irrigated Area	旱涝保收面积 Harvest Area Guaranteed in Case of Flood and Drought	节水灌溉面积合计 Total Area of Water-saving Irrigation
1977		48186.7					40559.3		
1978		48053.3					41714.7		
1979		48318.7					41663.3		
1980		48888.0					39906.0		
1981		48600.0					39656.7		
1982		48663.3					40177.3		
1983		48546.0					39383.3		
1984		48400.0					39933.3		
1985		47932.7					38671.3		
1986		47872.7					39938.0		
1987		47966.7					39861.3	33349.3	
1988		47980.7					41188.7	33570.7	
1989		48337.3					40695.3	33994.0	
1990		48389.3					41437.3	34365.3	
1991		48951.3					42884.0	34720.0	
1992		49464.0					43501.3	35374.0	
1993		49839.3					42914.0	35631.3	
1994		49938.0					43610.7	36140.0	
1995		50412.7					44102.0	36636.0	
1996		51160.7					44768.7	37187.3	
1997		52268.7					46187.3	38102.0	
1998		53400.0					47036.0	38760.7	15235.3
1999		54366.0					47709.3	39375.3	15051.1
2000	59341.6	55013.2	1072.8	1601.3	1001.3	653.0	47965.2	40164.3	16388.9
2001	60025.4	55517.0	1136.5	1665.7	1035.9	670.1	48398.4	40532.2	17446.4
2002	60753.1	55857.9	1252.0	1759.6	1194.9	660.9	48434.6	40594.9	18627.1
2003	61056.1	55900.6	1468.2	1835.1	1186.7	665.5	47383.2	40852.5	19442.8
2004	61511.2	56252.1	1573.3	1862.5	1185.0	638.3	47783.9	40740.6	20346.2
2005	61897.9	56562.4	1636.6	1861.0	1172.0	672.5	47968.7	41337.7	21338.2
2006	62559.1	57078.4	1562.1	1988.6	1201.2	728.8	49024.5	41335.0	22426.0
2007	63413.5	57782.4	1598.4	2039.4	1225.5	767.8	49936.9	41745.7	23489.5
2008	64119.7	58471.7	1648.9	2065.0	1214.4	719.7	50665.5	42024.9	24435.5
2009	65164.6	59261. 5	1774.7	2088.6	1246.9	793.0	51806.6	42358.2	25755.1
2010	66352.3	60347.7	1821.9	2151.4	1257.6	773.7	52589.0	42871.5	27313.9
2011	67742.9	61681.6	1899.2	2178.2	1264.7	719.2	53982.2	43383.4	29179.5
2012	67782.7	62490.5	1766.8	2189.8	819.4	516.2			31216.7
2013	69481.4	63473.3	2111.3	2315.1	1059.4	522.2	53105.4		27108.6
2014	70651.7	64539.5	2228.7	2376.2	1092.4	414.8	54974.9		29018.8
2015	72060.8	65872.6	2211.1	2433.3	1079.2	464.5	56739.4		31060.4
2016	73176.9	67140.6	2388.4	2571.9	1076.0		58107.0		32847.0
2017	73946.1	67815.6	2402.7	2623.6	1104.2		58553.3		34319.0
2018	74541.8	68271.6	2510.0	2645.6	1114.6		58573.6		36134.7
2019	75034.2	68678.6	2600.7	2653.3	1101.5		57913.5		37059.3
2020	75687.1	69160.5	2671.9	2704.7	1150.1		58351.7		37796.0
2021	78314.8	69609.5		8700.6（林、果、牧合计）			58321.9		
2022	79036.4	70358.9	3721.9	4103.0	852.6		58758.3		
2023	80604.7	71644.5	4035.3	4135.1	789.8		59312.7		
2024	81742.7	72431.7	4176.6	4315.0	819.4		60396.9		42503.1

3-3 历年人均耕地灌溉面积和机电灌溉占耕地灌溉比重

Irrigated Area Per Capita and Proportion of Mechanical & Electrical Equipment in Irrigated Area by Year

年份 Year	人均耕地灌溉面积/亩每人 Irrigated Area Per Capita/(mu/person)	
	按总人口 Based on Total Population	按乡村人口 Based on Total Rural Population
1951	0.49	0.58
1952	0.50	0.59
1953	0.57	0.67
1954	0.58	0.68
1955	0.60	0.71
1957	0.58	0.69
1962	0.64	0.77
1965	0.66	0.80
1972	0.70	0.83
1973	0.74	0.87
1974	0.76	0.89
1975	0.75	0.89
1976	0.79	0.93
1977	0.76	0.90
1978	0.75	0.89
1979	0.74	0.89
1980	0.74	0.90
1982	0.72	0.87
1983	0.71	0.87
1984	0.70	0.87
1985	0.69	0.86
1986	0.68	0.80
1987	0.67	0.84
1988	0.66	0.83
1989	0.66	0.83
1990	0.63	0.81
1991	0.64	0.82
1992	0.64	0.82
1993	0.63	0.83
1994	0.63	0.83
1995	0.62	0.82
1996	0.63	0.83
1997	0.63	0.86
1998	0.64	0.88
1999	0.65	0.86
2000	0.65	0.87
2001	0.65	0.89
2002	0.66	0.90
2003	0.65	0.89
2004	0.65	0.90
2005	0.65	0.89
2006	0.65	0.90
2007	0.66	1.19
2008	0.66	1.22
2009	0.67	1.25
2010	0.68	1.34
2011	0.69	1.41
2012	0.69	1.46
2013	0.70	1.51
2014	0.71	1.56
2015	0.72	1.64
2016	0.73	1.71
2017	0.73	1.72
2018	0.73	1.82
2019	0.74	1.87
2020	0.73	2.03
2021	0.74	2.10
2022	0.75	2.12
2023	0.76	2.25
2024	0.77	2.28

3-4 2024年灌溉面积（按地区分）

Irrigated Area in 2024 (by Region)

单位：千公顷 unit: 10^3hm^2

地区	Region	灌溉面积 总计 Total Irrigated Area	耕地灌溉面积 Irrigated Area of Cultivated Land	林地灌溉面积 Irrigated Area of Forest	园地灌溉面积 Irrigated Area of Orchard Garden	牧草地灌溉面积 Irrigated Area of Pasture	耕地实灌面积 Actual Irrigated Area
合 计	**Total**	**81742.7**	**72431.7**	**4176.6**	**4315.0**	**819.4**	**60396.9**
北 京	Beijing	235.7	120.6	79.1	35.8	0.2	97.2
天 津	Tianjin	348.6	309.5	26.4	12.7		236.4
河 北	Hebei	4589.5	4123.2	187.5	263.8	15.1	3670.7
山 西	Shanxi	1602.6	1530.9	40.0	27.2	4.5	1345.6
内蒙古	Inner Mongolia	5310.4	4887.8	141.1	44.9	236.6	3860.2
辽 宁	Liaoning	1844.4	1739.8	10.1	90.5	4.0	1213.6
吉 林	Jilin	2127.1	2097.0	2.9	13.8	13.4	1732.4
黑龙江	Heilongjiang	6261.6	6250.8	5.7	3.0	2.0	4369.0
上 海	Shanghai	171.2	160.9	10.3			160.9
江 苏	Jiangsu	4939.3	3873.8	760.8	214.5	90.2	3523.0
浙 江	Zhejiang	1487.1	1243.8	63.0	179.9	0.4	1070.6
安 徽	Anhui	4980.8	4701.1	141.4	126.8	11.5	3782.9
福 建	Fujian	1655.3	873.1	165.6	604.4	12.3	801.5
江 西	Jiangxi	2340.2	2201.6	48.6	89.9		1919.9
山 东	Shandong	6087.0	5271.4	389.5	421.4	4.7	4625.9
河 南	Henan	6071.9	5767.4	232.4	71.3	0.8	4680.2
湖 北	Hubei	3432.3	3226.9	105.6	93.4	6.3	2789.6
湖 南	Hunan	3103.6	2932.0	114.7	56.1	0.8	2543.9
广 东	Guangdong	2070.4	1560.9	245.6	260.1	3.8	1389.3
广 西	Guangxi	1924.1	1778.3	68.1	76.8	0.9	1492.3
海 南	Hainan	389.7	336.3	30.8	22.0	0.6	246.4
重 庆	Chongqing	843.5	698.4	61.5	83.5	0.02	412.1
四 川	Sichuan	3546.7	3025.7	223.6	286.0	11.4	2532.3
贵 州	Guizhou	1348.9	1244.1	29.1	64.0	11.7	1025.2
云 南	Yunnan	2261.9	2057.5	60.2	138.5	5.7	1679.4
西 藏	Xizang	524.2	305.0	49.1	21.9	148.3	236.2
陕 西	Shaanxi	1454.5	1186.6	49.1	217.7	1.1	1008.9
甘 肃	Gansu	1630.8	1453.9	116.6	46.5	13.8	1308.6
青 海	Qinghai	324.6	229.1	59.7	4.7	31.1	200.8
宁 夏	Ningxia	719.4	564.7	56.9	82.8	15.1	564.7
新 疆	Xinjiang	8115.4	6679.2	601.8	661.1	173.3	5877.1

3-5 2024年灌溉面积（按水资源分区分）

Irrigated Area in 2024 (by Water Resources Sub-region)

单位：千公顷 unit: 10^3hm^2

水资源一级区	Grade-I Water Resources Sub-region	灌溉面积 总计 Total Irrigated Area	耕地灌溉面积 Irrigated Area of Cultivated Land	林地灌溉面积 Irrigated Area of Forest	园地灌溉面积 Irrigated Area of Orchard Garden	牧草地灌溉面积 Irrigated Area of Pasture	耕地实灌面积 Actual Irrigated Area
合　计	**Total**	**81742.7**	**72431.7**	**4176.6**	**4315.0**	**819.4**	**60396.9**
松花江区	Songhua River	9287.2	9224.1	9.6	15.4	38.2	6557.4
辽河区	Liaohe River	3956.8	3634.6	78.4	131.1	112.6	2776.9
海河区	Haihe River	8366.5	7449.5	516.9	369.1	31.0	6641.4
黄河区	Yellow River	6911.5	6187.2	279.6	362.8	81.9	5504.2
淮河区	Huaihe River	14376.5	12991.9	748.6	593.0	43.1	10627.4
长江区	Yangtze River	19480.0	17310.4	1171.1	908.1	90.3	14762.4
东南诸河区	Southeast Rivers	2913.6	1910.2	221.4	769.3	12.6	1693.7
珠江区	Pearl River	5220.9	4447.8	360.2	399.5	13.4	3780.6
西南诸河区	Southwest Rivers	1627.7	1332.8	66.2	84.5	144.2	1049.2
西北诸河区	Northwest Rivers	9602.2	7943.2	724.7	682.3	252.0	7003.7

3-6 2024年灌溉面积（按水资源分区和地区分）

Irrigated Area in 2024 (by Water Resources Sub-region and Region)

单位：千公顷 unit: 10^3hm^2

地区	Region	灌溉面积 总计 Total Irrigated Area	耕地灌溉面积 Irrigated Area of Cultivated Land	林地灌溉面积 Irrigated Area of Forest	园地灌溉面积 Irrigated Area of Orchard Garden	牧草地灌溉面积 Irrigated Area of Pasture	耕地实灌面积 Actual Irrigated Area
合 计	**Total**	**81742.7**	**72431.7**	**4176.6**	**4315.0**	**819.4**	**60396.9**
松花江区	**Songhua River**	**9287.2**	**9224.1**	**9.6**	**15.4**	**38.2**	**6557.4**
内蒙古	Inner Mongolia	1090.5	1066.5	1.1	0.1	22.8	543.6
吉 林	Jilin	1935.1	1906.7	2.7	12.3	13.4	1644.8
黑龙江	Heilongjiang	6261.6	6250.8	5.7	3.0	2.0	4369.0
辽河区	**Liaohe River**	**3956.8**	**3634.6**	**78.4**	**131.1**	**112.6**	**2776.9**
内蒙古	Inner Mongolia	1932.3	1716.2	68.2	39.4	108.6	1480.4
辽 宁	Liaoning	1832.4	1728.1	10.1	90.2	4.0	1208.9
吉 林	Jilin	192.0	190.3	0.2	1.5	0.1	87.6
海河区	**Haihe River**	**8366.5**	**7449.5**	**516.9**	**369.1**	**31.0**	**6641.4**
北 京	Beijing	235.7	120.6	79.1	35.8	0.2	97.2
天 津	Tianjin	348.6	309.5	26.4	12.7		236.4
河 北	Hebei	4589.5	4123.2	187.5	263.8	15.1	3670.7
山 西	Shanxi	583.8	568.2	9.0	3.1	3.5	498.4
内蒙古	Inner Mongolia	95.6	86.4	0.6		8.6	72.7
辽 宁	Liaoning	11.9	11.7		0.3		4.7
山 东	Shandong	1785.6	1592.2	150.5	39.3	3.7	1455.0
河 南	Henan	715.8	637.7	63.9	14.2		606.3
黄河区	**Yellow River**	**6911.5**	**6187.2**	**279.6**	**362.8**	**81.9**	**5504.2**
山 西	Shanxi	1018.9	962.7	31.1	24.0	1.0	847.2
内蒙古	Inner Mongolia	1902.9	1791.7	62.6	5.1	43.5	1612.2
山 东	Shandong	342.7	312.1	13.0	17.6		291.3
河 南	Henan	943.4	897.3	21.3	24.6	0.2	799.2
四 川	Sichuan	8.3	5.9			2.4	3.1
陕 西	Shaanxi	1259.1	1037.0	38.4	183.1	0.7	869.3
甘 肃	Gansu	523.0	467.3	25.9	24.3	5.5	385.8
青 海	Qinghai	193.8	148.6	30.5	1.3	13.4	131.4
宁 夏	Ningxia	719.4	564.7	56.9	82.8	15.1	564.7
淮河区	**Huaihe River**	**14376.5**	**12991.9**	**748.6**	**593.0**	**43.1**	**10627.4**
江 苏	Jiangsu	3347.0	2890.7	308.1	110.4	37.8	2581.9
安 徽	Anhui	3225.7	3059.8	73.4	88.9	3.7	2327.7
山 东	Shandong	3958.7	3367.2	226.0	364.5	1.0	2879.5
河 南	Henan	3845.1	3674.1	141.1	29.3	0.6	2838.3

3-6 续表 continued

地区	Region	灌溉面积 总计 Total Irrigated Area	耕地灌溉面积 Irrigated Area of Cultivated Land	林地灌溉面积 Irrigated Area of Forest	园地灌溉面积 Irrigated Area of Orchard Garden	牧草地灌溉面积 Irrigated Area of Pasture	耕地实灌面积 Actual Irrigated Area
长江区	**Yangtze River**	**19480.0**	**17310.4**	**1171.1**	**908.1**	**90.3**	**14762.4**
上 海	Shanghai	171.2	160.9	10.3			160.9
江 苏	Jiangsu	1592.3	983.0	452.8	104.1	52.4	941.2
浙 江	Zhejiang	286.9	245.7	13.4	27.8		217.1
安 徽	Anhui	1697.0	1602.3	61.8	25.1	7.8	1416.6
江 西	Jiangxi	2340.2	2201.6	48.6	89.9		1919.9
河 南	Henan	567.6	558.2	6.1	3.3		436.4
湖 北	Hubei	3432.3	3226.9	105.6	93.4	6.3	2789.6
湖 南	Hunan	3051.4	2887.5	107.2	55.9	0.8	2504.1
广 西	Guangxi	79.9	66.3	9.2	4.4		61.9
重 庆	Chongqing	843.5	698.5	61.5	83.5	0.02	412.1
四 川	Sichuan	3538.5	3019.9	223.6	286.0	9.0	2529.1
贵 州	Guizhou	940.6	878.1	20.2	38.4	3.9	731.1
云 南	Yunnan	688.9	595.9	33.6	56.4	3.0	480.7
西 藏	Xizang	16.2	8.4	0.9	0.6	6.4	7.7
陕 西	Shaanxi	195.4	149.7	10.7	34.6	0.4	139.7
甘 肃	Gansu	36.3	26.2	5.3	4.8		14.4
青 海	Qinghai	2.0	1.3	0.4		0.4	
东南诸河区	**Southeast Rivers**	**2913.6**	**1910.2**	**221.4**	**769.3**	**12.6**	**1693.7**
浙 江	Zhejiang	1200.1	998.0	49.7	152.1	0.4	853.5
安 徽	Anhui	58.1	39.0	6.2	12.9		38.7
福 建	Fujian	1655.4	873.1	165.6	604.4	12.3	801.5
珠江区	**Pearl River**	**5220.9**	**4447.8**	**360.2**	**399.5**	**13.4**	**3780.6**
湖 南	Hunan	52.2	44.6	7.4	0.2		39.8
广 东	Guangdong	2070.4	1560.9	245.6	260.1	3.8	1389.3
广 西	Guangxi	1844.2	1712.0	58.9	72.4	0.9	1430.4
海 南	Hainan	389.7	336.3	30.8	22.0	0.6	246.4
贵 州	Guizhou	408.4	366.0	9.0	25.6	7.8	294.1
云 南	Yunnan	456.0	428.0	8.6	19.0	0.4	380.6
西南诸河区	**Southwest Rivers**	**1627.7**	**1332.8**	**66.2**	**84.5**	**144.2**	**1049.2**
云 南	Yunnan	1117.0	1033.6	18.0	63.1	2.3	818.2
西 藏	Xizang	508.1	296.6	48.2	21.3	141.9	228.4
青 海	Qinghai	2.6	2.6				2.6
西北诸河区	**Northwest Rivers**	**9602.2**	**7943.2**	**724.7**	**682.3**	**252.0**	**7003.7**
内蒙古	Inner Mongolia	289.1	226.9	8.7	0.4	53.2	151.4
甘 肃	Gansu	1071.6	960.4	85.4	17.5	8.3	908.4
青 海	Qinghai	126.1	76.7	28.8	3.4	17.2	66.8
新 疆	Xinjiang	8115.4	6679.2	601.8	661.1	173.3	5877.1

3-7 历年耕地灌溉面积新增减少

Increased and Decrease of Irrigated Area by Year

单位：千公顷 unit: 10^3hm^2

年份 Year	耕地灌溉面积 Irrigated Area of Cultivated Land		耕地灌溉面积减少原因 Reasons of Decrease of Irrigated Area					
	新增 Newly-increased Area	减少 Reduced Area	工程老化、毁损 Aging and Damage of Structures	机井报废 Abortion of Wells	建设占地 Land Occupation by Construction	长期水源不足 Long-term Insufficiency of Water Sources	退耕 Converting Farmland to Other Usage	其他 Others
2003	1226.08	1183.39	404.32	19.96	216.77		228.24	314.09
2004	1159.95	808.45	281.74	14.98	206.02		100.59	205.13
2005	1012.35	697.34	237.31	14.91	199.94		68.43	176.76
2006	1343.11	796.86	183.12		123.67	100.06	39.69	350.32
2007	1344.05	608.63	192.26		125.89	54.62	51.93	183.93
2008	1318.27	648.41	239.55		97.04	96.52	22.95	192.35
2009	1533.10	742.85	245.13		126.19	79.36	25.62	266.55
2010	1721.64	659.17	250.41		91.06	87.38	47.55	182.78
2011	2129.97	803.32	294.03		104.05	88.81	19.16	297.28
2012	2151.38	743.78	335.11		107.92	78.55	17.48	204.72
2013	1552.29	473.27	85.99		87.22	73.24	59.54	167.28
2014	1647.77	685.62	73.86		99.69	151.85	40.77	319.45
2015	1797.66	463.94	56.63		67.47	95.64	25.07	219.15
2016	1561.43	465.70	96.49		79.48	42.61	68.68	178.44
2017	1070.34	486.47	106.03		77.48	30.09	121.03	151.85
2018	828.48	355.80	42.29		42.83	37.74	109.58	123.36
2019	780.03	345.02	24.10		44.88	32.76	67.50	175.79
2020	870.37	393.84	22.17		46.29	20.25	99.96	205.17
2021	1113.90	702.19	35.13		31.58	10.87	31.92	592.70
2024	1217.88	433.42	3.52		4.26	10.20	12.82	402.63

3-8　2024 年耕地灌溉面积新增减少（按地区分）

Increased and Decrease of Irrigated Area in 2024 (by Region)

单位：千公顷　　　　unit: 10^3hm^2

地区	Region	耕地灌溉面积 Irrigated Area of Cultivated Land		耕地灌溉面积减少原因 Reasons of Decrease of Irrigated Area				
		新增 Newly-increased Area	减少 Reduced Area	工程老化、毁损 Aging and Damage of Structures	建设占地 Land Occupation by Construction	长期水源不足 Long-term Insufficiency of Water Sources	退耕 Converting Farmland to Other Usage	其他 Others
合　计	**Total**	**1217.88**	**433.42**	**3.52**	**4.26**	**10.20**	**12.82**	**402.63**
北　京	Beijing	2.66	0.05		0.02			0.03
天　津	Tianjin	0.84	0.34					0.34
河　北	Hebei	34.72	33.51	0.09	1.15		0.64	31.63
山　西	Shanxi	40.02						
内蒙古	Inner Mongolia	87.44	8.67					8.67
辽　宁	Liaoning	22.29	3.70					3.70
吉　林	Jilin	149.25	1.54					1.54
黑龙江	Heilongjiang	14.91	2.62		0.02			2.60
上　海	Shanghai	0.30	0.97					0.97
江　苏	Jiangsu	38.38	21.28				3.62	17.67
浙　江	Zhejiang	3.04	0.003					0.003
安　徽	Anhui	34.61						
福　建	Fujian	27.80	9.47	0.59	0.26			8.63
江　西	Jiangxi	15.62	0.75					0.75
山　东	Shandong	32.20	2.51		0.02			2.49
河　南	Henan	199.94	99.27	0.06	1.36	7.06		90.79
湖　北	Hubei	31.15	24.41					24.41
湖　南	Hunan	42.04	27.58					27.58
广　东	Guangdong	4.19	3.51		0.27			3.23
广　西	Guangxi	106.06	23.34					23.34
海　南	Hainan	1.85	0.05					0.05
重　庆	Chongqing	18.54	1.17		0.22			0.95
四　川	Sichuan	39.22	7.70					7.70
贵　州	Guizhou	151.36	137.13	1.75		0.64		134.73
云　南	Yunnan	21.53	0.08			0.05		0.03
西　藏	Tibet	3.57	0.05			0.05		
陕　西	Shaanxi	6.64	1.17	0.70	0.04	0.14		0.29
甘　肃	Gansu	9.77	1.80	0.33	0.90			0.57
青　海	Qinghai	14.54	7.46				0.22	7.24
宁　夏	Ningxia	2.89	2.22			1.57		0.65
新　疆	Xinjiang	60.53	11.11			0.69	8.35	2.07

3-9　2024 年耕地灌溉面积新增减少（按水资源分区分）

Increased and Decrease of Irrigated Area in 2024 (by Water Resources Sub-region)

单位：千公顷　　　　unit:10^3hm^2

水资源一级区	Grade-I Water Resources Sub-region	耕地灌溉面积 Irrigated Area of Cultivated Land		耕地灌溉面积减少原因 Reasons of Decrease of Irrigated Area				
		新增 Newly-increased Area	减少 Reduced Area	工程老化、毁损 Aging and Damage of Structures	建设占地 Land Occupation by Construction	长期水源不足 Long-term Insufficiency of Water Sources	退耕 Converting Farmland to Other Usage	其他 Others
合　计	**Total**	**1217.88**	**433.42**	**3.52**	**4.26**	**10.20**	**12.82**	**402.63**
松花江区	Songhua River	236.80	5.19		0.02			5.17
辽河区	Liaohe River	21.97	3.70					3.70
海河区	Haihe River	85.57	35.58	0.09	1.17		0.64	33.69
黄河区	Yellow River	59.80	21.77	1.02	0.04	1.69	0.22	18.81
淮河区	Huaihe River	215.91	97.15		1.38	6.00	0.63	89.14
长江区	Yangtze River	321.58	187.59	0.33	1.12	1.08	2.98	182.08
东南诸河区	Southeast Rivers	28.62	9.47	0.59	0.26			8.62
珠江区	Pearl River	155.51	54.09	1.50	0.27	0.64		51.68
西南诸河区	Southwest Rivers	12.50	0.13			0.10		0.03
西北诸河区	Northwest Rivers	79.62	18.75			0.69	8.35	9.71

3-10 2024年耕地灌溉面积新增减少（按水资源分区和地区分）

Increased and Decrease of Irrigated Area in 2024 (by Water Resources Sub-region and Region)

单位：千公顷 unit: 10^3hm^2

地区	Region	耕地灌溉面积 Irrigated Area of Cultivated Land		耕地灌溉面积减少原因 Reasons of Decrease of Irrigated Area				
		新增 Newly-increased Area	减少 Reduced Area	工程老化、毁损 Aging and Damage of Structures	建设占地 Land Occupation by Construction	长期水源不足 Long-term Insufficiency of Water Sources	退耕 Converting Farmland to Other Usage	其他 Others
合　计	**Total**	**1217.88**	**433.42**	**3.52**	**4.26**	**10.20**	**12.82**	**402.63**
松花江区	**Songhua River**	**236.80**	**5.19**		**0.02**			**5.17**
内蒙古	Inner Mongolia	73.25	1.03					1.03
吉　林	Jilin	148.65	1.54					1.54
黑龙江	Heilongjiang	14.91	2.62		0.02			2.60
辽河区	**Liaohe River**	**21.97**	**3.70**					**3.70**
内蒙古	Inner Mongolia	0.30						
辽　宁	Liaoning	21.06	3.70					3.70
吉　林	Jilin	0.61						
海河区	**Haihe River**	**85.57**	**35.58**	**0.09**	**1.17**		**0.64**	**33.69**
北　京	Beijing	2.66	0.05		0.02			0.03
天　津	Tianjin	0.84	0.34					0.34
河　北	Hebei	34.72	33.51	0.09	1.15		0.64	31.63
山　西	Shanxi	16.20						
内蒙古	Inner Mongolia							
辽　宁	Liaoning	1.23						
山　东	Shandong	8.41						
河　南	Henan	21.51	1.69					1.69
黄河区	**Yellow River**	**59.80**	**21.77**	**1.02**	**0.04**	**1.69**	**0.22**	**18.81**
山　西	Shanxi	23.82						
内蒙古	Inner Mongolia	6.99						
山　东	Shandong	2.87						
河　南	Henan	6.52	10.21					10.21
四　川	Sichuan							
陕　西	Shaanxi	5.49	0.98	0.69	0.04	0.12		0.15
甘　肃	Gansu	8.76	0.90	0.33				0.57
青　海	Qinghai	2.47	7.46				0.22	7.24
宁　夏	Ningxia	2.88	2.22			1.57		0.65
淮河区	**Huaihe River**	**215.91**	**97.15**		**1.38**	**6.00**	**0.63**	**89.14**
江　苏	Jiangsu	21.89	8.40				0.63	7.76
安　徽	Anhui	10.17						
山　东	Shandong	20.92	2.50		0.02			2.48
河　南	Henan	162.94	86.25		1.36	6.00		78.89

3-10 续表 continued

地区	Region	耕地灌溉面积 Irrigated Area of Cultivated Land		耕地灌溉面积减少原因 Reasons of Decrease of Irrigated Area				
		新增 Newly-increased Area	减少 Reduced Area	工程老化、毁损 Aging and Damage of Structures	建设占地 Land Occupation by Construction	长期水源不足 Long-term Insufficiency of Water Sources	退耕 Converting Farmland to Other Usage	其他 Others
长江区	**Yangtze River**	**321.58**	**187.59**	**0.33**	**1.12**	**1.08**	**2.98**	**182.08**
上 海	Shanghai	0.30	0.96					0.96
江 苏	Jiangsu	16.49	12.88				2.98	9.90
浙 江	Zhejiang	3.04						
安 徽	Anhui	23.62						
江 西	Jiangxi	15.62	0.75					0.75
河 南	Henan	8.97	1.12	0.06		1.06		
湖 北	Hubei	31.15	24.40					24.41
湖 南	Hunan	42.04	25.26					25.26
广 西	Guangxi							
重 庆	Chongqing	18.54	1.17		0.22			0.95
四 川	Sichuan	39.22	7.70					7.70
贵 州	Guizhou	108.01	112.25	0.26				112.00
云 南	Yunnan	12.54						
西 藏	Tibet							
陕 西	Shaanxi	1.15	0.18	0.01		0.02		0.15
甘 肃	Gansu	0.90	0.90		0.90			
青 海	Qinghai							
东南诸河区	**Southeast Rivers**	**28.62**	**9.47**	**0.59**	**0.26**			**8.62**
浙 江	Zhejiang							
安 徽	Anhui	0.82						
福 建	Fujian	27.80	9.47	0.59	0.26			8.62
珠江区	**Pearl River**	**155.51**	**54.09**	**1.50**	**0.27**	**0.64**		**51.68**
湖 南	Hunan		2.32					2.32
广 东	Guangdong	4.19	3.51		0.27			3.23
广 西	Guangxi	106.06	23.34					23.34
海 南	Hainan	1.85	0.05					0.05
贵 州	Guizhou	43.35	24.87	1.50		0.64		22.73
云 南	Yunnan	0.06						
西南诸河区	**Southwest Rivers**	**12.50**	**0.13**			**0.10**		**0.03**
云 南	Yunnan	8.92	0.08			0.05		0.03
西 藏	Tibet	3.57	0.05			0.05		
青 海	Qinghai							
西北诸河区	**Northwest Rivers**	**79.62**	**18.75**			**0.69**	**8.35**	**9.71**
内蒙古	Inner Mongolia	6.90	7.64					7.64
甘 肃	Gansu	0.11						
青 海	Qinghai	12.08						
新 疆	Xinjiang	60.53	11.11			0.69	8.35	2.07

主要统计指标解释

灌溉面积　一个地区当年农、林、牧等灌溉面积的总和。总灌溉面积=耕地灌溉面积+林地灌溉面积+果园灌溉面积+牧草灌溉面积+其他灌溉面积。

耕地灌溉面积　灌溉工程或设备已基本配套，有一定水源，土地比较平整，在一般年景可以进行正常灌溉的农田或耕地灌溉面积。

耕地实灌面积　利用灌溉工程和设施，在耕地灌溉面积中当年实际已进行正常（灌水一次以上）灌溉的耕地面积。在同一亩耕地上，报告期内无论灌水几次，都应按一亩计算，而不应按灌溉亩次计算。凡是肩挑、人抬、马拉抗旱点种的面积，一律不算实灌面积。耕地实灌面积不大于耕地灌溉面积。

Explanatory Notes of Main Statistical Indicators

Irrigated area　The sum of irrigated areas for agriculture, forest, pasture and grassland in a particular region. The total irrigated area is equal to the sum of irrigated areas of cultivated land (arable land), forest, fruit garden or orchard, grassland and others. Irrigated areas in the current year mean the total irrigated areas at the end of the year.

Irrigated areas of cultivated land　It refers to farmland or cultivated land installed with irrigation facilities and having water source and relatively leveled land, which is being irrigated in normal years.

Actual irrigated area　It refers to the area being irrigated (once or more than once) in the statistical year, with irrigation system or facilities. No matter how many times of irrigation is made in the same area of land within report period, it is all counted as one mu. The areas irrigated by means of people or animal carrying water for drought-relief are not included. Actual irrigated area equals to or less than the irrigated area of cultivated land.

4 供用水

Water Supply and Utilization

简 要 说 明

供用水统计资料主要包括水利工程设施供水及农村饮水安全等。

供用水量按水资源一级分区和地区分组。

供用水量均按照受水区所在地进行统计，包括地表水源、地下水源和非常规水源。

Brief Introduction

Statistical data of water supply and utilization mainly covers comsumption and water supply utilities as well as status of drinking water safety in rural areas.

Quantity of water supply is classified in accordance with Grade-Ⅰ water resources region and region.

Water supply is grouped based on sources of water-receiving areas, like surface water, groundwater and unconventional water resources.

4-1 历年供用水量

Water Supply and Utilization by Year

单位：亿立方米　　unit: 10^8m^3

年份 Year	供水量 合计 Total Water Supply	地表水 Surface Water	地下水 Ground-water	其他（非常规水） Others (Unconventional Water Resources)	用水量 合计 Total Water Utilization	农业 Agricultural	工业 Industrial	生活 Domestic	人工生态环境补水 Artificial Water Recharge to Eco-environment
2001	5567.4	4450.7	1094.9	21.9	5567.4	3825.7	1141.8	599.9	
2002	5497.3	4404.4	1072.4	20.5	5497.3	3736.2	1142.4	618.7	
2003	5320.4	4286.0	1018.1	16.3	5320.4	3432.8	1177.2	630.9	79.5
2004	5547.8	4504.2	1026.4	17.2	5547.8	3585.7	1228.9	651.2	82.0
2005	5633.0	4572.2	1038.8	22.0	5633.0	3580.0	1285.2	675.1	92.7
2006	5795.0	4706.8	1065.5	22.7	5795.0	3664.4	1343.8	693.8	93.0
2007	5818.7	4723.5	1069.5	25.7	5818.7	3598.5	1404.1	710.4	105.7
2008	5909.9	4796.4	1084.8	28.7	5909.9	3663.4	1397.1	729.2	120.2
2009	5965.2	4839.5	1094.5	31.2	5965.2	3723.1	1390.9	748.2	103.0
2010	6022.0	4881.6	1107.3	33.1	6022.0	3689.1	1447.3	765.8	119.8
2011	6107.2	4953.3	1109.1	44.8	6107.2	3743.6	1461.8	789.9	111.9
2012	6131.2	4952.8	1133.8	44.6	6131.2	3902.5	1380.7	739.7	108.3
2013	6183.4	5007.3	1126.2	49.9	6183.4	3921.5	1406.4	750.1	105.4
2014	6094.9	4920.5	1116.9	57.5	6094.9	3869.0	1356.1	766.6	103.2
2015	6103.2	4969.5	1069.2	64.5	6103.2	3852.2	1334.8	793.5	122.7
2016	6040.2	4912.4	1057.0	70.8	6040.2	3768.0	1308.0	821.6	142.6
2017	6043.4	4945.5	1016.7	81.2	6043.4	3766.4	1277.0	838.1	161.9
2018	6015.5	4952.7	976.4	86.4	6015.5	3693.1	1261.6	859.9	200.9
2019	6021.2	4982.5	934.2	104.5	6021.2	3682.3	1217.6	871.7	249.6
2020	5812.9	4792.3	892.5	128.1	5812.9	3612.4	1030.4	863.1	307.0
2021	5920.2	4928.1	853.8	138.3	5920.2	3644.3	1049.6	909.4	316.9
2022	5998.2	4994.2	828.2	175.8	5998.2	3781.3	968.4	905.7	342.8
2023	5906.5	4874.7	819.5	212.3	5906.5	3672.4	970.2	909.8	354.1
2024	5928.0	4892.4	784.0	251.6	5928.0	3648.4	971.0	926.8	381.8

4-2 2024年供用水量（按地区分）

Water Supply and Utilization in 2024 (by Region)

单位：亿立方米 unit: 10^8m^3

地区	Region	供水量 合计 Total Water Supply	地表水 Surface Water	地下水 Groundwater	其他（非常规水） Others (Unconventional Water Resources)	用水量 合计 Total Water Utilization	农业 Agricultural	工业 Industrial	生活 Domestic	人工生态环境补水 Artificial Water Recharge to Eco-environment
合　计	**Total**	**5928.0**	**4892.4**	**784.0**	**251.6**	**5928.0**	**3648.4**	**971.0**	**926.8**	**381.8**
北　京	Beijing	42.1	16.7	12.2	13.2	42.1	2.4	2.8	19.3	17.6
天　津	Tianjin	32.0	22.7	2.5	6.7	32.0	8.8	4.7	7.3	11.3
河　北	Hebei	189.8	97.9	73.2	18.7	189.8	100.2	16.2	29.1	44.3
山　西	Shanxi	70.0	36.3	26.9	6.8	70.0	36.5	11.3	15.7	6.6
内蒙古	Inner Mongolia	189.9	85.1	95.9	8.9	189.9	138.5	16.7	11.3	23.5
辽　宁	Liaoning	123.3	73.7	41.7	7.8	123.3	71.9	14.8	26.4	10.3
吉　林	Jilin	107.0	70.6	30.5	5.8	107.0	76.6	7.9	13.0	9.4
黑龙江	Heilongjiang	288.5	187.9	97.6	3.1	288.5	258.4	11.9	14.5	3.7
上　海	Shanghai	107.3	105.9	0.01	1.4	107.3	14.3	68.1	23.8	1.0
江　苏	Jiangsu	578.7	560.5	2.1	16.0	578.7	244.8	251.1	67.3	15.4
浙　江	Zhejiang	173.1	166.8	0.1	6.2	173.1	73.7	36.9	55.5	7.0
安　徽	Anhui	274.7	244.6	21.5	8.6	274.7	148.0	80.0	37.2	9.6
福　建	Fujian	172.5	161.0	2.1	9.5	172.5	94.2	29.4	31.5	17.5
江　西	Jiangxi	238.2	232.4	2.1	3.7	238.2	165.7	37.8	30.1	4.5
山　东	Shandong	231.6	142.8	68.2	20.5	231.6	132.9	34.3	45.0	19.4
河　南	Henan	214.2	114.2	85.7	14.3	214.2	125.1	20.6	42.9	25.4
湖　北	Hubei	340.2	329.0	4.2	7.0	340.2	190.9	70.1	52.5	26.6
湖　南	Hunan	298.7	286.9	5.2	6.6	298.7	193.5	44.4	46.1	14.8
广　东	Guangdong	411.3	379.4	5.4	26.5	411.3	194.8	73.0	117.1	26.3
广　西	Guangxi	250.5	240.2	5.2	5.0	250.5	179.6	28.7	35.8	6.3
海　南	Hainan	44.4	42.2	1.4	0.8	44.4	29.9	1.7	10.4	2.4
重　庆	Chongqing	71.3	64.7	0.3	6.3	71.3	25.1	21.8	22.7	1.7
四　川	Sichuan	255.2	241.6	5.3	8.4	255.2	163.0	20.7	61.3	10.2
贵　州	Guizhou	93.0	90.3	1.2	1.5	93.0	59.5	10.3	22.1	1.1
云　南	Yunnan	160.5	152.1	4.7	3.7	160.5	113.3	12.4	26.8	8.1
西　藏	Xizang	32.1	29.7	2.1	0.3	32.1	27.0	1.4	3.2	0.5
陕　西	Shaanxi	100.0	61.6	30.1	8.4	100.0	56.0	14.9	21.2	7.9
甘　肃	Gansu	117.3	83.9	28.5	4.8	117.3	90.0	6.4	10.6	10.3
青　海	Qinghai	26.1	20.2	4.6	1.3	26.1	17.7	3.2	3.2	2.0
宁　夏	Ningxia	61.4	52.9	4.7	3.8	61.4	48.7	5.7	3.8	3.2
新　疆	Xinjiang	633.0	498.3	118.7	16.0	633.0	567.4	11.8	20.0	33.9

4-3 2024年供用水量（按水资源分区分）

Water Supply and Utilization in 2024 (by Water Resources Sub-region)

单位：亿立方米 unit: 10^8m^3

水资源一级区	Grade-I Water Resources Sub-region	供水量 合计 Total Water Supply	地表水 Surface Water	地下水 Ground-water	其他（非常规水） Others (Unconventional Water Resources)	用水量 合计 Total Water Utilization	农业 Agricultural	工业 Industrial	生活 Domestic	人工生态环境补水 Artificial Water Recharge to Eco-environment
合　计	**Total**	**5928.0**	**4892.4**	**784.0**	**251.6**	**5928.0**	**3648.4**	**971.0**	**926.8**	**381.8**
松花江区	Songhua River	413.0	272.6	131.3	9.1	413.0	344.0	20.5	26.9	21.6
辽河区	Liaohe River	183.1	82.0	91.0	10.1	183.1	120.7	17.7	31.2	13.3
海河区	Haihe River	381.0	209.6	125.5	45.9	381.0	187.5	39.4	72.9	81.1
黄河区	Yellow River	391.4	250.8	109.9	30.6	391.4	248.1	50.4	57.6	35.4
淮河区	Huaihe River	598.9	445.5	119.5	33.9	598.9	388.5	66.1	103.7	40.6
长江区	Yangtze River	2053.4	1970.7	29.4	53.4	2053.4	1031.6	585.6	350.7	85.5
其中：太湖流域	Among Which: Taihu Lake	345.6	336.3	0.03	9.3	345.6	61.2	212.5	62.4	9.5
东南诸河区	Southeast Rivers	293.1	277.1	2.1	14.0	293.1	141.9	57.5	71.5	22.3
珠江区	Pearl River	772.7	723.7	14.8	34.1	772.7	449.7	110.9	174.9	37.2
西南诸河区	Southwest Rivers	105.9	101.5	3.1	1.3	105.9	86.8	5.0	12.7	1.5
西北诸河区	Northwest Rivers	735.6	558.9	157.4	19.3	735.6	649.6	18.1	24.6	43.3

4-4　2024年主要用水指标（按地区分）

Key Indicators for Water Utilization in 2024 (by Region)

地区	Region	人均综合用水量/立方米 Comprehensive Water Use Per Capita /m³	万元国内生产总值用水量/立方米 Water Consumption Per 10,000 Yuan of GDP/m³	耕地实际灌溉亩均用水量/立方米 Water Use Per mu of Irrigated Farmland /m³	农田灌溉水有效利用系数 Coefficient of Effective Utilization of Farmland Irrigation Water	人均生活用水量/升每天 Domestic Water Use Per Capita /(L/d)	人均城乡居民生活用水量/升每天 Urban and Rural Residents Water Use Per Capita /(L/d)	万元工业增加值用水量/立方米 Water Consumption Per 10,000 Yuan of Added Industrial Production Value/m³
合　计	**Total**	**421**	**43.9**	**342**	**0.580**	**180**	**127**	**24.0**
北　京	Beijing	193	8.4	115	0.752	242	148	4.8
天　津	Tianjin	235	17.8	220	0.724	146	102	8.1
河　北	Hebei	257	39.9	153	0.679	108	83	10.9
山　西	Shanxi	203	27.5	162	0.578	124	91	11.4
内蒙古	Inner Mongolia	794	72.2	182	0.588	129	89	16.7
辽　宁	Liaoning	296	37.8	334	0.593	174	118	14.9
吉　林	Jilin	460	74.5	287	0.609	153	108	20.9
黑龙江	Heilongjiang	947	175.1	437	0.613	131	99	31.3
上　海	Shanghai	432	19.9	468	0.740	263	153	62.4
江　苏	Jiangsu	679	42.2	403	0.624	216	142	50.9
浙　江	Zhejiang	260	19.2	380	0.615	229	145	12.3
安　徽	Anhui	449	54.3	242	0.580	166	126	56.5
福　建	Fujian	412	29.9	561	0.573	206	142	15.3
江　西	Jiangxi	528	69.6	549	0.547	183	134	33.6
山　东	Shandong	229	23.5	164	0.650	122	91	10.7
河　南	Henan	219	33.7	156	0.629	120	94	11.1
湖　北	Hubei	583	56.7	378	0.548	247	151	39.8
湖　南	Hunan	456	56.1	475	0.569	193	135	28.4
广　东	Guangdong	323	29.0	711	0.538	252	170	15.3
广　西	Guangxi	499	87.4	699	0.526	196	155	36.9
海　南	Hainan	425	56.0	659	0.582	271	197	18.8
重　庆	Chongqing	224	22.2	293	0.515	195	143	24.5
四　川	Sichuan	305	39.4	343	0.509	201	150	11.5
贵　州	Guizhou	241	41.0	388	0.503	157	121	18.0
云　南	Yunnan	344	50.9	351	0.526	157	112	16.6
西　藏	Xizang	873	116.0	495	0.463	239	138	34.5
陕　西	Shaanxi	253	28.2	257	0.586	147	103	12.2
甘　肃	Gansu	476	90.2	405	0.591	118	96	18.3
青　海	Qinghai	440	66.1	435	0.510	147	96	23.9
宁　夏	Ningxia	842	111.5	476	0.586	142	87	28.0
新　疆	Xinjiang	2425	308.3	507	0.583	210	169	17.3

注　1. 万元国内生产总值用水量和万元工业增加值用水量指标按当年价格计算。
2. 本表计算中所使用的人口数字为年平均人口数。
3. 本表中"人均生活用水量"包括居民生活用水和公共用水（含第三产业及建筑业等用水），"城乡居民"仅包括居民生活用水。

Notes　1. Water consumptions per 10,000 yuan of GDP and added industrial output value are based on the prices in 2024.
2. The population used for calculation of this table is the yearly average.
3. In the column of "Domestic Water Use Per Capita", "urban" includes water use of household and water use for public purposes (including water use of tertiary and construction industries), and "household" refers to water use for indoor household purpose only.

4-5　2024年主要用水指标（按水资源分区分）

Key Indicators for Water Utilization in 2024 (by Water Resources Sub-region)

水资源一级区	Grade-Ⅰ Water Resources Sub-region	人均综合用水量/立方米 Comprehensive Water Use Per Capita /m³	万元国内生产总值用水量/立方米 Water Consumption Per 10,000 Yuan of GDP /m³	耕地实际灌溉亩均用水量/立方米 Water Use Per mu of Irrigated Farmland /m³	人均生活用水量/升每天 Domestic Water Use Per Capita /(L/d)	人均城乡居民生活用水量/升每天 Urban and Rural Residents Water Use Per Capita /(L/d)	万元工业增加值用水量/立方米 Water Consumption Per 10,000 Yuan of Added Industrial Production Value /m³
合　计	**Total**	**421**	**43.9**	**342**	**180**	**127**	**24.0**
松花江区	Songhua River	770	130.0	377	137	101	44.2
辽河区	Liaohe River	351	47.8	201	164	113	16.8
海河区	Haihe River	255	26.7	165	134	96	10.7
黄河区	Yellow River	343	37.6	253	138	100	13.4
淮河区	Huaihe River	292	33.5	218	139	105	12.2
长江区	Yangtze River	438	42.0	402	205	140	40.7
其中：太湖流域	Among Which: Taihu Lake	504	25.4	461	249	152	50.0
东南诸河区	Southeast Rivers	319	24.0	446	213	142	13.8
珠江区	Pearl River	368	40.0	644	229	162	18.3
西南诸河区	Southwest Rivers	504	105.9	401	165	114	26.2
西北诸河区	Northwest Rivers	2134	265.8	478	196	154	19.2

注　1. 万元国内生产总值用水量和万元工业增加值用水量指标按当年价格计算。

2. 本表计算中所使用的人口数字为年平均人口数。

3. 本表中“人均生活用水量”包括居民生活用水和公共用水（含第三产业及建筑业等用水），“城乡居民”仅包括居民生活用水。

Notes　1. Water consumptions per 10,000 yuan of GDP and added industrial output value are based on the prices in 2024.

2. The population used for calculation of this table is the yearly average.

3. In the column of “Domestic Water Use Per Capita”, “urban” includes water use of household and water use for public purposes (including water use of tertiary and construction industries), and “household” refers to water use for indoor household purpose only.

4-6　2024 年各类非常规水利用量（按地区分）

Key Indicators for Water Utilization in 2024 (by Region)

地区	Region	合计 Total	再生水 Reclaimed Water	集蓄雨水 Harvest Rainwater	海水淡化水 Desalinated Water	矿坑（井）水 Mine Pit (Well) Water	微咸水 Brackish Water
合　计	**Total**	**251.6**	**212.2**	**13.0**	**4.0**	**7.0**	**15.4**
北　京	Beijing	13.2	13.2				
天　津	Tianjin	6.7	6.3		0.4		
河　北	Hebei	18.7	16.2	0.5	0.7	0.5	0.8
山　西	Shanxi	6.8	6.5	0.1		0.2	
内蒙古	Inner Mongolia	8.9	6.8	0.2		1.7	0.2
辽　宁	Liaoning	7.8	7.5	0.0	0.3	0.1	
吉　林	Jilin	5.8	5.7	0.1		0.0	
黑龙江	Heilongjiang	3.1	2.8	0.1		0.2	
上　海	Shanghai	1.4	1.4	0.0			
江　苏	Jiangsu	16.0	15.1	0.9	0.0		0.0
浙　江	Zhejiang	6.2	4.2	0.1	1.8		
安　徽	Anhui	8.6	8.3	0.2		0.1	
福　建	Fujian	9.5	9.2	0.2	0.0		
江　西	Jiangxi	3.7	2.0	1.6		0.1	
山　东	Shandong	20.5	17.8	0.3	0.5	0.3	1.6
河　南	Henan	14.3	13.3	0.1		0.9	
湖　北	Hubei	7.0	7.0	0.0		0.0	
湖　南	Hunan	6.6	6.5	0.1		0.0	
广　东	Guangdong	26.5	25.0	1.3	0.2	0.0	0.0
广　西	Guangxi	5.0	4.3	0.6		0.2	
海　南	Hainan	0.8	0.8				
重　庆	Chongqing	6.3	6.2	0.2		0.0	
四　川	Sichuan	8.4	4.3	3.9		0.1	
贵　州	Guizhou	1.5	0.6	0.2		0.7	0.0
云　南	Yunnan	3.7	2.7	1.0		0.0	
西　藏	Xizang	0.3	0.3				
陕　西	Shaanxi	8.4	5.6	0.2		1.1	1.4
甘　肃	Gansu	4.8	3.3	1.3		0.3	0.0
青　海	Qinghai	1.3	0.9				0.4
宁　夏	Ningxia	3.8	2.3	0.0		0.3	1.2
新　疆	Xinjiang	16.0	6.0	0.0		0.3	9.7

主要统计指标解释

供水量 各种水源为用水户提供的包括输水损失在内的毛水量。

用水量 各类用水户取用的包括输水损失在内的毛水量，又称取水量。

生活用水 包括城乡居民家庭生活用水和城乡公共设施用水（含第三产业及建筑业等用水）。

工业用水 指工矿企业用于生产活动的水量，包括主要生产用水、辅助生产用水（如机修、运输、空压站等）和附属生产用水（如绿化、办公室、浴室、食堂、厕所、保健站等），按新水取用量计，不包括企业内部的重复利用水量。

农业用水 包括耕地和林地、园地、牧草地灌溉用水，鱼塘补水及牲畜用水。

人工生态环境补水 仅包括人为措施供给的城镇环境用水和部分河湖、湿地补水，而不包括降水、径流自然满足的水量。

地表水源供水量 指地表水工程的取水量，按蓄水工程、引水工程、提水工程、调水工程四种形式统计。从水库、塘坝中引水或提水，均属蓄水工程取水量；从河道或湖泊中自流引水的，无论有闸或无闸，均属引水工程取水量；利用扬水站从河道或湖泊中直接取水的，属提水工程取水量；跨流域调水是指水资源一级区之间或无天然河流联系的独立流域之间的跨流域调配水量，不包括在蓄、引、提水量中。

地下水源供水量 指水井工程的开采量，主要包括浅层淡水、深层承压水和微咸水。浅层淡水指埋藏相对较浅，与当地大气降水和地表水体有直接水力联系的潜水（淡水）以及与潜水有密切联系的承压水，是容易更新的地下水。深层承压水是指地质时期形成的地下水，埋藏相对较深，与当地大气降水和地表水体没有密切水力联系且难以补给更新的承压水；采矿企业在矿产资源开发过程中，为了生产或安全需求，降低地下水水位产生的矿井涌水量，按照地下水水源进行统计，企业内部重复利用处理后的矿井水不再重复统计。

非常规水供水量 主要包括再生水、集蓄雨水、海水淡化水、微咸水和矿坑（井）水等供水量。再生水利用量指经过污水处理厂集中处理后的回用水量，不包括企业内部废污水处理的重复利用量；集蓄雨水利用量指通过修建集雨场地和微型蓄雨工程（水窖、水柜等）取得的供水量；海水淡化水供水量指海水经过淡化设施处理后供给的水量；微咸水利用量指矿化度为 2～5g/L 的地下水利用量。矿坑（井）水利用量是指第三方企业利用采矿企业利用经过处理后的矿井水回用水量。

Explanatory Notes of Main Statistical Indicators

Water supply Gross amount of water provided by all kinds of water sources, including loss during transportation.

Water use Gross amount of water used by all kinds of users, including loss during transportation.

Domestic water use Includes water consumption of urban and rural resident households and public facilities (including third industry and construction industry).

Industrial water use Refers to the amount of water used for production activities of industrial and mining enterprises, including consumption of production and auxiliary production (such as maintenance of machinery and equipment, transportation air compression station and so on), as well as auxiliary production (such as greening, office, bathroom, dining hall, toilet, health care station and so on), which is calculated as new water abstraction and excluded from the amount of repetitive use within the enterprises.

Agricultural water use Includes water consumption of cultivated farmland, green field and grazing land, as well as water replenishing to fish pond and animal and livestock water use.

Artificial water recharge to eco-environment Includes water use of cities and towns for environment with artificial measures and water supplement to some river, lakes and wetlands, but not includes the amount of water from precipitation and natural runoff.

Water supply from surface water sources Sources of surface water mainly include four forms storage, diversion, lifting, and transfer. Water diversion or lifting from a reservoir, pond and dam is categorized as water abstraction of water storage projects. Water diverted from a river or lake by gravity, with or without gates, is categorized as water abstraction of water diversion projects. Water withdrawal or extraction directly from river courses or lakes by pumping stations is categorized as water abstraction of lifting projects. Inter-basin water transfer refers to inter-basin water allocation between first-level water resource areas, or between independent basins without natural river connections, which is not included in the amount of water storage, diversion and lifting.

Water supply from underground water sources Sources of underground water refer to mining outputs of water well projects, mainly including shallow freshwater, deep confined water and brackish water. Shallow freshwater means meteoric water (freshwater) buried relatively shallowly that has direct hydraulic connections with local atmospheric precipitation and surface water bodies, as well as confined water closely related to meteoric water, which is easily renewable groundwater. Deep confined water refers to groundwater formed during geological periods and buried relatively deep, with no close hydraulic connections with local atmospheric precipitation and surface water bodies, which is irreplaceable and nonrenewable. Mine water inflow generated by lowering water tables for production or safety purposes during exploitation of mineral resources by a mining company is added to the sources of underground water in statistics, excluding recycled and treated mine water for mining company use only.

Water supply from unconventional water sources Sources of unconventional water mainly include reclaimed water, harvest rainwater, desalinated water, brackish water, and mine pit (well) water. Reclaimed water refers to the amount of water that is reused after being treated in a sewage treatment plant, excluding the amount of recycled wastewater and sewage water for company use only. Harvest rainwater refers to the amount of water supply by construction of rainwater collection sites and micro-storage projects (such as water cellars and water tanks). Desalinated water refers to the amount of water processed by desalination facilities. Brackish water refers to the amount of using groundwater with a mineralization degree of 2-5g/L. Mine pit (well) water refers to the amount of reclaimed water used by a third-party enterprise after treatment by a mining company.

5 水土保持

Soil and Water Conservation

简要说明

水土保持统计资料主要包括水土流失治理面积及其分类治理面积等，按年度、水资源一级区和地区进行分组。

1. 小流域治理统计范围是指列入县级以上(含县级)治理规划，并进行重点治理的流域面积在 5 平方千米以上的小流域。

2. 水土流失治理面积历史资料汇总 1976 年至今的数据；新增水土流失治理面积历史资料汇总 2000 年至今的数据。

3. 水土流失治理面积已与2011年水利普查数据进行了衔接。

Brief Introduction

Statistical data of soil and water conservation mainly includes recovered area from erosion and types of measures for erosion control. The data is grouped in accordance with year, Grade-Ⅰ water resources region and region.

1. The scope of statistics for small watershed under control covers those listed in the plan at and above the county level, and drainage area of small watershed that has an area of more than 5 km^2, which carry out key governance.

2. Historical data of recovered area is collected from 1976 until present, and historical data of newly-increased recovered area is from 2000 until present.

3. The data of recovered area from erosion is integrated with the First National Census for Water of 2011.

5-1 水土流失面积

Soil Erosion Area

单位：平方千米 unit: km^2

地 区	Region	水力侵蚀面积 Water Erosion Area	风力侵蚀面积 Wind Erosion Area	水土流失面积 Soil Erosion Area
合 计	**Total**	**1051020**	**1550896**	**2601916**
北 京	Beijing	1671		1671
天 津	Tianjin	173		173
河 北	Hebei	33624	4247	37871
山 西	Shanxi	54020	27	54047
内蒙古	Inner Mongolia	75071	490082	565153
辽 宁	Liaoning	31783	789	32572
吉 林	Jilin	27314	11006	38320
黑龙江	Heilongjiang	62943	7499	70442
上 海	Shanghai	35		35
江 苏	Jiangsu	2089		2089
浙 江	Zhejiang	7047		7047
安 徽	Anhui	11354		11354
福 建	Fujian	8513		8513
江 西	Jiangxi	22529		22529
山 东	Shandong	20687	594	21281
河 南	Henan	18043	1232	19275
湖 北	Hubei	29199		29199
湖 南	Hunan	28329		28329
广 东	Guangdong	16587		16587
广 西	Guangxi	36359		36359
海 南	Hainan	1600		1600
重 庆	Chongqing	23339		23339
四 川	Sichuan	98263	3349	101612
贵 州	Guizhou	44344		44344
云 南	Yunnan	94400		94400
西 藏	Xizang	57538	35408	92946
陕 西	Shaanxi	58252	1771	60023
甘 肃	Gansu	59417	119100	178517
青 海	Qinghai	35716	121698	157414
宁 夏	Ningxia	10091	4703	14794
新 疆	Xinjiang	80690	749391	830081

注 本数据来源于2024年度全国水土流失动态监测成果。

Note The data is sourced from national database of dynamic monitoring of soil erosion in 2024.

5-2　历年水土流失治理面积

Recovered Area from Soil Erosion by Year

单位：千公顷　　　　unit: 10^3hm^2

年份 Year	水土流失治理面积 Recovered Area	#水平梯田 Leveled Terraced Field	坝地 Gully Dammed Field	水保林 Water Conservation Forest
1976	42007	7383	942	
1977	42441	7161	929	20924
1978	40435	7239	891	
1979	40606	6461	931	21273
1980	41152	6539	895	21679
1981	41647	6427	878	21647
1982	41412	6367	924	22367
1983	42405	6457	922	22829
1984	44623	7062	1050	24570
1985	46393	6982	1275	25648
1986	47909	7436	1269	26923
1987	49528	7755	1579	27889
1988	51349	7952	1438	29461
1989	52154	8209	1495	30490
1990	52971	7623	1563	31660
1991	55838	8072	1893	33381
1992	58635			

年份 Year	水土流失治理面积 Recovered Area	#小流域治理面积 Recovered Area of Small Watershed	水土流失治理面积新增合计 Total Newly-increased Recovered Area	水平梯田 Leveled Terraced Field	坝地 Gully Dammed Field	水保林 Water Conservation Forest	种草 Planted Grassland	其他 Others	水土流失治理面积减少 Reduction of Recovered Area
1993	61253								
1994	64080								
1995	66855								
1996	69321								
1997	72242								
1998	75022								
1999	77828								

5-2 续表 continued

年份 Year	水土流失治理面积 Recoverd Area	#小流域治理面积 Recoverd Area of Small Watershed	水土流失治理面积新增合计 Total Newly-increased Recovered Area	水平梯田 Leveled Terraced Field	坝地 Gully Dammed Field	水保林 Water Conservation Forest	种草 Planted Grassland	其他 Others	水土流失治理面积减少 Reduction of Recovered Area
2000	80961	28473	4728						1595
2001	81539	30385	4888						4309
2002	85410	34255	5056						1186
2003	89714	35628	5538						1234
2004	92004	36040	4445						2156
2005	94654	37059	4198						1102
2006	97491	37915	3969						1543
2007	99871	38731	3916	311	58	1497	537	1513	1471
2008	101587	39189	3867	275	41	1474	492	1584	2666
2009	104545	41139	4318	412	38	1647	470	1751	1373
2010	106800	41602	4015	401	42	1500	409	1663	1737
2011	109664	41425	4008	437	46	1565	388	1572	1306
2012	102953	41131	4372	524	27	1564	406	1851	1452

年份 Year	水土流失治理面积 Recovered Area	#小流域治理面积 Recovered Area of Small Watershed	水土流失治理面积新增合计 Total Newly-increased Recovered Area	基本农田 Prime Farmland			水保林 Water Conservation Forest	经济林 Economic Forest	种草 Planted Grassland	封禁治理 Blockading Administration	其他 Others
				水平梯田 Leveled Terraced Field	坝地 Gully Dammed Field	其他 Others					
2013	106892	34248	5271	553	16	157	1411	568	340	1681	544
2014	111609	35813	5497	473	30	126	1507	567	361	1898	532
2015	115578	37883	5385	483	13	93	1408	556	323	1855	652
2016	120412	39738	5620	456	16	103	1690	643	423	1559	731
2017	125839	40847	5899	418	8		1521	628	426	1922	975
2018	131532	42204	6436	365	8		1627	718	421	2116	1182
2019	137325	43277	6685	329	5		1675	743	346	2286	1300
2020	143122	44423	6431	374	2		1411	639	399	2144	1462
2021	149552	45628	6843	392	4		1345	520	464	2167	1952
2022	156030	45635	6830	529	4		1310	342	544	2211	1890
2023	162724	46938	7039	469	1		1180	272	500	2381	2236
2024	169989	48844	7484	388	0.4		1001	243	532	2966	2353

5-3 2024 年水土流失治理面积（按地区分）

Recovered Area from Soil Erosion in 2024 (by Region)

单位：千公顷　　　　unit: 10^3hm^2

地区	Region	水土流失治理面积 Recovered Area	#小流域治理面积 Recovered Area of Small Watershed	水土流失治理面积新增合计 Total Newly-increased Recovered Area	基本农田 Prime Farmland: 水平梯田 Leveled Terraced Field	基本农田 Prime Farmland: 坝地 Gully Dammed Field	水保林 Water Conservation Forest	经济林 Economic Forest	种草 Planted Grassland	封禁治理 Blockading Administration	其他 Others
合　计	**Total**	**169989.2**	**48844.4**	**7483.7**	**387.6**	**0.4**	**1000.9**	**243.5**	**531.9**	**2966.5**	**2353.0**
北　京	Beijing	1016.4	1016.4	12.7	0.04		0.001	0.002	0.001	11.2	1.4
天　津	Tianjin	105.5	51.3	0.5							0.5
河　北	Hebei	6779.8	3406.9	219.6	4.5		65.4	7.7	13.6	115.6	12.7
山　西	Shanxi	8764.4	1024.7	389.0	23.2	0.4	117.8	7.9	21.4	143.7	74.6
内蒙古	Inner Mongolia	18138.3	3690.3	858.7	3.0		115.6	0.8	133.3	270.1	336.0
辽　宁	Liaoning	6740.1	2749.7	354.3	9.2		22.2	10.6	4.7	18.6	289.0
吉　林	Jilin	3705.6	328.3	250.1			29.3	0.2	0.3	10.9	209.3
黑龙江	Heilongjiang	7697.8	961.4	523.9	0.03		1.2	0.3	1.8	3.6	516.9
上　海	Shanghai										
江　苏	Jiangsu	989.8	373.6	9.9			0.9	0.4	0.6	2.15	5.9
浙　江	Zhejiang	3840.5	688.6	50.6	0.1		0.1	0.003	0.3	47.5	2.6
安　徽	Anhui	2427.0	1075.9	74.8	0.2		1.5	1.2	0.01	68.7	3.2
福　建	Fujian	4529.5	788.4	128.9	4.3		23.5	2.9	0.9	91.6	5.7
江　西	Jiangxi	6744.3	1634.5	138.9			25.5	20.4	0.1	92.8	
山　东	Shandong	4981.7	1771.5	133.0	32.0		5.1	1.5	1.3	48.9	44.0
河　南	Henan	4583.4	2360.7	187.6	10.3		28.3	9.6	1.2	116.7	21.5
湖　北	Hubei	7135.3	1528.0	241.2	5.9		9.3	10.5	2.6	198.0	15.0
湖　南	Hunan	4776.4	1092.6	183.9	15.5		37.3	33.0	4.0	81.9	12.2
广　东	Guangdong	2238.1	266.0	75.6	0.1		34.6	1.6	0.2	38.7	0.3
广　西	Guangxi	3811.3	995.3	189.2	0.2		0.04	12.2	0.3	176.1	0.3
海　南	Hainan	175.5	79.2	8.0			0.1	1.3	0.04	3.6	3.0
重　庆	Chongqing	4538.9	2005.8	216.6	46.0		3.4	2.0	0.001	104.9	60.2
四　川	Sichuan	13081.6	5426.8	525.8	51.2		35.3	29.8	96.3	165.3	147.7
贵　州	Guizhou	8885.0	3736.3	336.4	3.1		60.3	42.1	5.2	161.5	64.1
云　南	Yunnan	12784.6	2435.0	594.0	47.4		30.3	23.8	4.5	338.7	149.3
西　藏	Xizang	1080.4	218.9	89.8	1.071		31.6	0.02	32.9	22.8	1.4
陕　西	Shaanxi	9365.3	3614.0	491.7	23.0		112.2	14.9	5.4	264.8	71.4
甘　肃	Gansu	12891.7	3454.4	690.0	62.3		120.4	4.8	117.5	186.6	198.4
青　海	Qinghai	2261.3	722.2	184.2	5.4		9.6	0.02	54.6	25.9	88.6
宁　夏	Ningxia	2857.4	985.4	94.6	39.5		23.3	0.2	2.5	29.2	
新　疆	Xinjiang	3062.4	362.4	230.4			56.5	3.8	26.2	126.3	17.7

5-4　2024 年水土流失治理面积（按水资源分区分）

Recovered Area from Soil Erosion in 2024 (by Water Resources Sub-region)

单位：千公顷　　　　unit: $10^3 hm^2$

水资源一级区	Grade-I Water Resources Sub-region	水土流失治理面积 Recovered Area	#小流域治理面积 Recovered Area of Small Watershed	水土流失治理面积新增合计 Total Newly-increased Recovered Area	基本农田 Prime Farmland：水平梯田 Leveled Terraced Field	基本农田 Prime Farmland：坝地 Gully Dammed Field	水保林 Water Conservation Forest	经济林 Economic Forest	种草 Planted Grassland	封禁治理 Blockading Administration	其他 Others
合　计	**Total**	**169989.2**	**48844.4**	**7483.7**	**387.6**	**0.4**	**1000.9**	**243.5**	**531.9**	**2966.5**	**2353.0**
松花江区	Songhua River	14398.9	1712.2	908.8	0.03		32.7	0.5	14.0	27.1	834.4
辽河区	Liaohe River	11597.3	3772.1	586.9	10.4		45.7	10.9	13.2	45.5	461.1
海河区	Haihe River	12528.2	5387.9	383.4	12.2	0.3	105.1	12.5	20.4	198.6	34.3
黄河区	Yellow River	33747.2	9624.6	1626.9	149.0	0.1	393.7	15.3	218.8	508.9	341.2
淮河区	Huaihe River	7186.6	3006.3	173.6	27.9		16.4	4.9	2.2	76.8	45.4
长江区	Yangtze River	54631.5	19020.4	2132.1	146.1		197.4	153.2	110.5	1209.7	315.2
东南诸河区	Southeast Rivers	8467.9	1551.2	185.1	4.4		23.6	3.0	1.2	144.9	8.0
珠江区	Pearl River	11199.3	2547.1	458.3	4.3		60.3	28.4	1.3	290.0	74.0
西南诸河区	Southwest Rivers	7020.1	1114.3	401.7	33.1		40.9	11.1	33.9	204.8	77.9
西北诸河区	Northwest Rivers	9212.1	1108.4	626.9	0.1		85.1	3.8	116.2	260.3	161.5

5-5 2024年水土流失治理面积（按水资源分区和地区分）

Recovered Area from Soil Erosion in 2024 (by Water Resources Sub-region and Region)

单位：千公顷　　　　unit: 10^3hm^2

地区	Region	水土流失治理面积 Recovered Area	#小流域治理面积 Recovered Area of Small Watershed	水土流失治理面积新增合计 Total Newly-increased Recovered Area	基本农田 Prime Farmland		水保林 Water Conservation Forest	经济林 Economic Forest	种草 Planted Grassland	封禁治理 Blockading Administration	其他 Others
					水平梯田 Leveled Terraced Field	坝地 Gully Dammed Field					
合　计	**Total**	**169989.2**	**48844.4**	**7483.7**	**387.6**	**0.4**	**1000.9**	**243.5**	**531.9**	**2966.5**	**2353.0**
松花江区	**Songhua River**	**14398.9**	**1712.2**	**908.8**	**0.03**		**32.7**	**0.5**	**14.0**	**27.1**	**834.4**
内蒙古	Inner Mongolia	3375.8	436.7	162.3			2.8	0.02	11.9	13.0	134.6
吉　林	Jilin	3325.3	314.1	222.5			28.8	0.2	0.3	10.5	182.8
黑龙江	Heilongjiang	7697.8	961.4	523.9	0.03		1.2	0.3	1.8	3.6	516.9
辽河区	**Liaohe River**	**11597.3**	**3772.1**	**586.9**	**10.4**		**45.7**	**10.9**	**13.2**	**45.5**	**461.1**
内蒙古	Inner Mongolia	4634.0	1038.7	206.6	1.3		23.2	0.3	8.5	26.7	146.6
辽　宁	Liaoning	6582.9	2719.2	352.7	9.2		21.9	10.6	4.7	18.3	288.0
吉　林	Jilin	380.3	14.2	27.6			0.6	0.03		0.5	26.5
海河区	**Haihe River**	**12528.2**	**5387.9**	**383.4**	**12.2**	**0.3**	**105.1**	**12.5**	**20.4**	**198.6**	**34.3**
北　京	Beijing	1016.4	1016.4	12.7	0.04		0.001	0.002	0.001	11.2	1.4
天　津	Tianjin	105.5	51.3	0.5							0.5
河　北	Hebei	6779.8	3406.9	219.6	4.5		65.4	7.7	13.6	115.6	12.7
山　西	Shanxi	3017.7	439.6	111.2	5.6	0.3	27.0	4.4	4.4	59.9	9.6
内蒙古	Inner Mongolia	597.0	290.3	18.0			9.0	0.01	2.3	6.3	0.3
辽　宁	Liaoning	157.2	30.5	1.6			0.2			0.3	1.0
山　东	Shandong	412.6	21.8	8.5			0.8	0.1	0.004		7.7
河　南	Henan	441.9	131.2	11.5	2.1		2.7	0.4	0.03	5.2	1.0
黄河区	**Yellow River**	**33747.2**	**9624.6**	**1626.9**	**149.0**	**0.1**	**393.7**	**15.3**	**218.8**	**508.9**	**341.2**
山　西	Shanxi	5746.8	585.1	277.8	17.6	0.1	90.8	3.5	17.0	83.8	64.9
内蒙古	Inner Mongolia	6428.7	1271.9	271.6	1.7		63.2	0.5	51.3	121.4	33.6
山　东	Shandong	439.1	206.4	17.9	4.6		0.3	0.05		5.4	7.5
河　南	Henan	1344.0	657.5	48.7	5.4		9.3	1.9	0.6	23.7	7.8
四　川	Sichuan	317.5	61.6	39.7			1.1		17.4	5.1	16.2
陕　西	Shaanxi	6260.8	2141.9	290.0	18.3		94.2	7.9	5.4	107.9	56.4
甘　肃	Gansu	8602.1	3039.4	438.7	56.7		101.9	1.3	98.8	106.5	73.5
青　海	Qinghai	1750.8	675.4	147.8	5.0		9.6	0.02	25.8	25.9	81.4
宁　夏	Ningxia	2857.4	985.4	94.6	39.5		23.3	0.2	2.5	29.2	
淮河区	**Huaihe River**	**7186.6**	**3006.3**	**173.6**	**27.9**		**16.4**	**4.9**	**2.2**	**76.8**	**45.4**
江　苏	Jiangsu	523.9	173.0	5.7			0.9	0.4	0.3	0.6	3.5
安　徽	Anhui	614.1	229.1	14.1	0.05		0.3	0.04		11.9	1.8
山　东	Shandong	4130.0	1543.3	106.6	27.4		4.1	1.4	1.3	43.5	28.9
河　南	Henan	1918.7	1061.0	47.2	0.5		11.1	3.1	0.6	20.8	11.2

5-5　续表 continued

地区	Region	水土流失治理面积 Recovered Area	#小流域治理面积 Recovered Area of Small Watershed	水土流失治理面积新增合计 Total Newly-increased Recovered Area	基本农田 Prime Farmland: 水平梯田 Leveled Terraced Field	基本农田 Prime Farmland: 坝地 Gully Dammed Field	水保林 Water Conservation Forest	经济林 Economic Forest	种草 Planted Grassland	封禁治理 Blockading Administration	其他 Others
长江区	**Yangtze River**	**54631.5**	**19020.4**	**2132.1**	**146.1**		**197.4**	**153.2**	**110.5**	**1209.7**	**315.2**
上　海	Shanghai										
江　苏	Jiangsu	465.9	200.6	4.2			0.01		0.2	1.6	2.3
浙　江	Zhejiang	193.4	56.2	1.8	0.04		0.001			1.2	0.5
安　徽	Anhui	1521.6	716.5	53.2	0.1		1.3	1.1	0.01	49.7	1.1
江　西	Jiangxi	6744.3	1634.5	138.9			25.5	20.4	0.1	92.8	
河　南	Henan	878.7	511.0	80.2	2.2		5.3	4.3		67.0	1.51
湖　北	Hubei	7135.3	1528.0	241.2	5.9		9.3	10.5	2.6	198.0	15.0
湖　南	Hunan	4715.8	1091.5	182.8	15.5		36.1	33.0	4.0	81.9	12.2
广　西	Guangxi	140.6	81.6	7.4						7.4	
重　庆	Chongqing	4538.9	2005.8	216.6	46.0		3.4	2.0	0.001	104.9	60.2
四　川	Sichuan	12764.1	5365.2	486.0	51.2		34.2	29.8	79.0	160.2	131.6
贵　州	Guizhou	6021.1	2770.1	243.2	2.2		44.8	32.9	4.5	121.0	37.8
云　南	Yunnan	4656.7	1224.6	190.8	12.5		12.2	8.7	3.9	118.2	35.3
西　藏	Xizang	55.4	5.0	0.3	0.1				0.1	0.01	0.1
陕　西	Shaanxi	3104.5	1472.1	201.7	4.7		18.0	7.0	0.02	157.0	15.0
甘　肃	Gansu	1584.5	352.2	67.6	5.6		7.2	3.5	0.3	48.8	2.2
青　海	Qinghai	110.7	5.7	16.2					15.8		0.5
东南诸河区	**Southeast Rivers**	**8467.9**	**1551.2**	**185.1**	**4.4**		**23.6**	**3.0**	**1.2**	**144.9**	**8.0**
浙　江	Zhejiang	3647.1	632.4	48.8	0.03		0.1	0.003	0.3	46.3	2.0
安　徽	Anhui	291.3	130.4	7.5				0.1		7.0	0.4
福　建	Fujian	4529.5	788.4	128.9	4.3		23.5	2.9	0.9	91.6	5.7
珠江区	**Pearl River**	**11199.3**	**2547.1**	**458.3**	**4.3**		**60.3**	**28.4**	**1.3**	**290.0**	**74.0**
湖　南	Hunan	60.6	1.1	1.1			1.1	0.001	0.001		
广　东	Guangdong	2238.1	266.0	75.6	0.1		34.6	1.6	0.2	38.7	0.3
广　西	Guangxi	3670.7	913.7	181.8	0.2		0.04	12.2	0.3	168.7	0.3
海　南	Hainan	175.5	79.2	8.0			0.1	1.3	0.04	3.6	3.0
贵　州	Guizhou	2863.9	966.2	93.2	0.9		15.5	9.2	0.8	40.4	26.3
云　南	Yunnan	2190.6	320.9	98.7	3.1		8.9	4.0	0.05	38.6	44.1
西南诸河区	**Southwest Rivers**	**7020.1**	**1114.3**	**401.7**	**33.1**		**40.9**	**11.1**	**33.9**	**204.8**	**77.9**
云　南	Yunnan	5937.3	889.6	304.5	31.8		9.3	11.0	0.5	182.0	69.9
西　藏	Xizang	1025.0	213.9	89.5	1.0		31.6	0.02	32.8	22.8	1.3
青　海	Qinghai	57.9	10.8	7.7	0.3				0.7		6.7
西北诸河区	**Northwest Rivers**	**9212.1**	**1108.4**	**626.9**	**0.1**		**85.1**	**3.8**	**116.2**	**260.3**	**161.5**
内蒙古	Inner Mongolia	3102.8	652.9	200.2			17.3	0.001	59.2	102.7	21.0
甘　肃	Gansu	2705.1	62.8	183.8			11.3		18.4	31.3	122.7
青　海	Qinghai	341.9	30.3	12.5	0.1				12.4		0.1
新　疆	Xinjiang	3062.4	362.4	230.4			56.5	3.8	26.2	126.3	17.7

5-6 历年生产建设项目水土保持方案

Number of Soil and Water Conservation Plan in Development and Construction Project by Year

年份 Year	水土保持方案审批数量 /项 Approved Soil and Water Conservation Plan /unit	水土保持方案总投资 /万元 Total Investment of Soil and Water Conservation Plan /10^4 yuan	减少新增人为水土流失面积 /千公顷 Reduction of Newly-increased Human-induced Eroded Area /10^3 hm^2	减少土壤流失量 /万吨 Reduction of Soil Loss /10^4 t	水土保持设施验收数量 /个 Accepted Soil Conservation Facilities /unit
2007	21720	3518973	899	121317	4332
2008①	27389	3505679	789	117368	5648
2009①	22194	5645749	1609		
2010	24832	10102652	1304	113742	5205
2011	26296	14948872	1103		4842
2012	27858	14290605	1409	16438	5568
2013	30506	16280210	1250		6432
2014	30319		928		5646
2015	28809	14900062	3455	1816583	5739
2016	29157		1159		6744
2017	32257		1099		7632
2018	37866		1059		8995
2019	55923		2078		13627
2020	85781		2712		22205
2021	111873		2435		47667
2022	95213		3062		45751
2023	95987		3985		59027
2024	89818		2352		59480

① 2008 年、2009 年数据未统计上海地区。
① The data of Shanghai is not included in 2008 and 2009.

5-7 2024 年全国生产建设项目水土保持方案（按地区分）

Number of Soil and Water Conservation Plan in Development and Construction Project in 2024 (by Region)

地区	Region	水土保持方案审批数量 /个 Approved Soil and Water Conservation Plan /unit	减少新增人为水土流失面积 /公顷 Reduction of Newly-increased Human-induced Eroded Area /hm^2	水土保持设施验收报备数量 /个 Accepted Soil Conservation Facilities /unit
合 计	**Total**	**89818**	**2351658**	**59480**
水利部	Ministry of Water Resources of People's Republic of China	129	21909	69
北 京	Beijing	512	13968	585
天 津	Tianjin	667	12078	564
河 北	Hebei	3614	130226	1567
山 西	Shanxi	2055	54582	948
内蒙古	Inner Mongolia	2236	170892	1544
辽 宁	Liaoning	1581	33071	894
吉 林	Jilin	1193	47554	389
黑龙江	Heilongjiang	1780	103462	602
上 海	Shanghai	151	2220	712
江 苏	Jiangsu	5492	57150	4387
浙 江	Zhejiang	4724	52035	3249
安 徽	Anhui	4340	60230	3069
福 建	Fujian	2544	38500	1552
江 西	Jiangxi	3417	41471	2764
山 东	Shandong	5575	128894	4146
河 南	Henan	2952	46829	1097
湖 北	Hubei	2897	64670	1121
湖 南	Hunan	3330	42620	1407
广 东	Guangdong	4535	53626	4340
广 西	Guangxi	2580	98593	2719
海 南	Hainan	992	17104	593
重 庆	Chongqing	1816	27406	1094
四 川	Sichuan	6915	82152	5414
贵 州	Guizhou	2636	44385	1887
云 南	Yunnan	2797	65916	2077
西 藏	Xizang	3299	114418	1816
陕 西	Shaanxi	2451	47087	1277
甘 肃	Gansu	2633	188710	1529
青 海	Qinghai	1255	28904	829
宁 夏	Ningxia	1456	44503	886
新 疆	Xinjiang	7264	416493	4353

主要统计指标解释

水土流失 指在水力、风力、重力及冻融等自然营力和人类活动作用下，水土资源和土地生产力的破坏和损失。土壤侵蚀强度为轻度和轻度以上的土地面积称水土流失面积。

水土流失治理面积（又称水土保持面积） 指在山丘地区水土流失土地上，按照综合治理的原则，采取各种治理措施，如水平梯土（田）、淤地坝、谷坊、造林种草、封山育林育草等治理的水土流失面积总和。

水平梯田 指在坡地上沿等高线修建的、断面呈阶梯状的田块。（注：在我国南方，旱作梯田称梯地或梯土，种植水稻的称梯田。）

坝地 在沟道拦蓄工程上游因泥沙淤积形成的地面较平整的可耕作土地。

水保林 以防治水土流失为主要功能的人工林和天然林。根据其功能的不同，可分为坡面防护林、沟头防护林、沟底防护林、塬边防护林、护岸林、水库防护林、防风固沙林、海岸防护林等。

种草 在水土流失地区，为蓄水保土，改良土壤，发展畜牧，美化环境，促进畜牧业发展而进行的草本植物培育活动。

小流域治理面积 指以小流域为单元，根据流域内的自然条件，按照土壤侵蚀类型的特点和农业区划方向，在全面规划的基础上，合理安排农、林、牧、副各业用地，布置水土保持农业技术措施，林草措施与工程措施，相互协调、相互促进形成综合的水土流失防治面积。凡列入县级以上治理规划，并进行重点治理的，流域面积大于5平方千米小于50平方千米的小流域治理面积均进行统计。

Explanatory Notes of Main Statistical Indicators

Soil erosion Damage or losses to water and land resources and its productivity under the action of natural force and human activities, such as hydraulic, wind, gravity and freeze thawing factors. The area of soil erosion refers to the land suffers from slight soil erosion intensity or above.

Recovered area from soil erosion (also named soil and water conservation area) Total area recovered from erosion in mountainous or hilly areas, with comprehensive control measures, including terraced fields, silt retention dam, check dam, reforestation, grass plantation, ban of wood cutting and grazing, under the principle of integrated management.

Leveled terraced field Cultivated land with a cascade section built along the contour lines on slope land. (Note: In southern part of China, dry terraces are called land terraces or earth terraces, and paddy terraces are called terraced fields.)

Gully dammed field Relatively leveled cultivated land created by upstream silt arrested by silt retention dam in the gully.

Water conservation forest It refers to artificial and nature forests mainly for control of soil and water loss. According to its functions, it is grouped into protection forests for slope, gully head, gully bottom, plateau edge, bank, reservoir, wind and sand and sea coast.

Planted grassland Activities of planting and cultivating grass in eroded area, for the purposes of conserving soil and water, soil improvement, pasture development, environment beatification and conservation in animal husbandry.

Improved area of small watershed It refers to the area covered by a comprehensive erosion control system that integrates agricultural technology, forest-grass and structural measures, and makes an appropriate arrangement of land use for agricultural, forestry, husbandry and agricultural by-product production, by taking small watershed as an unit and based on natural condition, type and feature of soil erosion, agricultural zoning, under the guidance of overall planning. If a watershed is in the list of management plan at and above the county level as major project, all of the area larger than 5 km^2 and smaller than 50 km^2 should be included in the statistics.

6 水利建设投资

Investments in Water Project Construction

简 要 说 明

水利建设投资统计资料主要包括水利固定资产投资、项目、完成、工程量情况以及工程能力和效益等。

本部分资料主要按地区分组。历史资料汇总1961年至今的数据。由于水利建设投资统计报表制度调整，2016年地方政府分来源统计数据有变化。

Brief Introduction

Statistical data of investments in water project construction mainly includes investment of fixed assets, number of projects, completion of investment, completed civil works, capacity and benefits of projects etc.

The data is divided into groups based on river basin and region. Historical data is collected from 1961 until present. Due to adjustment of statistical system for investment in water project construction, the sources of data of local government funding for water project construction of 2016 were also adjusted accordingly.

6-1 主 要 指 标

Key Indicators

单位：亿元 unit: 10^8 yuan

指标名称	Item	2006	2007	2008	2009	2010	2011	2012
中央水利建设计划投资	Investment Plans of Central Government for Water Projects	298.7	308.8	625.4	637.0	984.1	1140.7	1623.0
水利建设完成投资	Completed Investment for Water Project Construction	793.8	944.9	1088.2	1894.0	2319.9	3086.0	3964.2
按投资来源分：	Divided by Sources:							
（1）国家预算内拨款	National Budget Allocation	193.2	270.0	390.4		960.5	1435.4	2033.2
（2）国家预算内专项	Special Funds from National Budget	184.7	195.7	160.5		918.8	1223.7	1464.5
（3）国内贷款	Domestic Loan	80.7	83.4	96.9		337.4	270.3	265.6
（4）利用外资	Foreign Investment	14.3	9.5	10.5		1.3	4.4	4.1
（5）自筹资金	Self-raising Funds	212.3	219.9	235.4		48.0	74.9	113.4
（6）水利建设基金	Water Project Construction Funds	36.1	67.8	60.5		2.5	3.9	5.2
（7）其他投资	Other Investment	72.5	98.6	134.1		51.4	73.4	78.3
按投资用途分：	Divided by Investment Purposes:							
（1）防洪工程	Flood Control Projects	288.1	318.5	370.0	674.8	684.6	1018.3	1426.0
（2）水资源工程	Water Resources Projects	317.7	405.1	467.8	866.0	1070.5	1284.1	1911.6
（3）水土保持及生态建设	Soil and Water Conservation and Ecological Restoration Projects	42.2	60.3	76.9	86.7	85.9	95.4	118.1
（4）水电工程	Hydropower Development	57.3	66.5	77.4	72.0	105.4	109.0	117.2
（5）行业能力建设	Capacity Building	20.2	8.9	10.6		19.6	40.2	59.6
（6）前期工作	Early-stage Work						42.0	40.7
（7）其他	Others	68.3	85.6	85.5		24.9	329.0	496.9

注 1. 从2006年开始，中央水利建设计划投资包括南水北调当年投资。
2. 2007年中央水利建设计划投资不包括当年中央财政转移支付地方水利专项资金32亿元和小型农田水利建设中央财政专项补助资金10亿元。
3. 2008年中央水利建设计划投资不包括当年小型农田水利建设中央财政专项补助资金30亿元。

Notes 1. Investment plans of central government for water project construction since 2006 include those for South-North Water Diversion Project.
2. In 2007, investment plans of central government for water project construction exclude 3.2 billion yuan of Central Government funds transferred to special funds of local governments and 1 billion yuan of special funds to small on-farm irrigation and drainage works from the Central Government Finance.
3. In 2008, investment plans of central government for water project construction exclude 3 billion yuan of special funds to small on-farm irrigation and drainage works from the Central Government Finance.

6-1 续表 continued

指标名称	Item	2013	2014	2015	2016	2017	2018	2019	2020	2021	2022	2023	2024
中央水利建设计划投资	Investment Plans of Central Government for Water Projects	1408.3	1627.1	1685.2	1415.9	1558.6	1554.6	1466.1	1456.2	1482.0	1485.6	1478.5	822.2
水利建设完成投资	Completed Investment for Water Project Construction	3757.6	4083.1	5452.2	6099.6	7132.4	6602.6	6711.7	8181.7	7576.0	10893.2	11996.2	13528.6
按投资来源分：	Divided by Sources:												
（1）中央政府投资	Central Government	1729.8	1648.5	2231.2	1679.2	1757.1	1752.7	1751.1	1786.9	1708.6	2217.9	2552.2	6722.9
（2）地方政府投资	Local Government	1542.0	1862.5	2554.6	2898.2	3578.2	3259.4	3487.9	4847.8	4236.8	6004.1	6128.9	4444.2
（3）国内贷款	Domestic Loan	172.7	299.6	338.6	879.6	925.8	735.9	636.3	614.0	698.9	1450.7	2023.3	1276.8
（4）利用外资	Foreign Investment	8.6	4.3	7.6	7.0	8.0	4.9	5.7	10.7	8.1	5.9		
（5）企业和私人投资	Company and Private Investment	160.7	89.9	187.9	424.7	600.8	565.1	588.0	690.4	718.2	1065.5	1291.9	1084.8
（6）债券	Bonds	1.7	1.7	0.4	3.8	26.5	41.6	10.0	87.2	104.3	75.1		
（7）其他投资	Others	142.1	176.5	131.7	207.1	235.9	242.9	232.8	144.8	101.1	74.0		
按投资用途分：	Divided by Investment Purposes:												
（1）防洪工程	Flood Control Projects	1335.8	1522.6	1930.3	2077.0	2438.9	2175.4	2091.3	2801.8	2497.0	3628.4	3946.4	5040.9
（2）水资源工程	Water Resources Projects	1733.1	1852.2	2708.3	2585.2	2704.9	2550.0	2646.8	3076.7	2866.4	4473.5	5095.4	4992.9
（3）水土保持及生态建设	Soil and Water Conservation and Ecological Restoration Projects	102.9	141.3	192.9	403.7	682.6	741.5	913.4	1220.9	1123.6	1625.7	1445.6	1096.0
（4）水电工程	Hydropower Development	164.4	216.9	152.1	166.6	145.8	121.0	106.7	92.4	78.8	107.3	79.2	53.2
（5）行业能力建设	Capacity Building	52.5	40.9	29.2	56.9	31.5	47.0	63.4	85.2	79.9	124.4	130.7	158.7
（6）前期工作	Early-stage Work	40.7	65.1	101.9	174.0	181.2	132.0	132.7	157.3	136.5	204.1	243.5	228.9
（7）其他	Others	291.1	328.2	244.2	337.5	636.2	947.5	757.4	747.3	793.8	730.0	1055.5	1958.0

6-2 历年水利建设施工和投产项目个数

Number of Water Projects Under-construction and Put-into-operation by Year

单位：个 unit: unit

年份 Year	施工项目 Under-construction	#新开工项目 Newly-started Project	部分投产项目 Partially Put-into-operation	全部投产项目 Fully Put-into-operation
1993	2268	963		694
1994	2300	931		678
1995	2286	931		571
1996	2146	920		635
1997	2320	1091		753
1998	2932	1699		696
1999	2632	1033		722
2000	3456	1901		1106
2001	3344	1792	397	825
2002	4203	2171	827	1103
2003	5196	2834	1305	1376
2004	4307	1816	1313	1249
2005	4855	2095	1709	1407
2006	4614	2158	1596	1422
2007	4852	2203	1428	1584
2008	7529	4418	1380	2683
2009	10715	5992	1025	5499
2010	10704	5811	979	6346
2011	14623	10281	715	7968
2012	20501	13364	708	10282
2013	20266	12199		9016
2014	21630	13518		9612
2015	25184	16702		13816
2016	26331	18410		14781
2017	26698	19724		14615
2018	27930	19786		15713
2019	28742	20779		16268
2020	30005	22532		18772
2021	31614	20900		18993
2022	40680	25035		29433
2023	41014	27925		29262
2024	46967	33112		30354

注 1. 1993—2000 年以及 2013—2020 年未细分当年部分投产与全部投产，均为"全部投产项目"。
2. 本表只包括当年正式施工的水利工程设施项目和机构能力建设项目，不包括建设投资计划安排的水利前期、规划及专题研究等项目。

Notes 1. The number of projects putting into operation is used for the data of 1993-2000 and 2013-2020, which is not separated into groups of partially-operated and fully-operated.
2. This table only includes water project under construction and capacity building, excluding projects conducted in the early stage such as feasibility studies, planning and special-subject studies.

6-3 2024年水利建设施工和投产项目个数（按地区分）

Number of Water Projects Under-construction and Put-into-operation in 2024 (by Region)

单位：个　　　　unit: unit

地区	Region	施工项目 Under-construction	#新开工项目 Newly-started Project	全部投产项目 Fully Put-into-operation
合　计	**Total**	**46967**	**33112**	**30354**
北　京	Beijing	269	141	95
天　津	Tianjin	231	128	65
河　北	Hebei	2094	1715	1343
山　西	Shanxi	2052	1474	1510
内蒙古	Inner Mongolia	1382	1162	1185
辽　宁	Liaoning	1242	1000	869
吉　林	Jilin	1006	785	810
黑龙江	Heilongjiang	1461	975	1124
上　海	Shanghai	607	193	150
江　苏	Jiangsu	1485	1087	1126
浙　江	Zhejiang	1762	978	931
安　徽	Anhui	1660	997	837
福　建	Fujian	1473	1074	915
江　西	Jiangxi	2082	1722	1513
山　东	Shandong	1122	900	946
河　南	Henan	1958	1612	1547
湖　北	Hubei	1916	1271	770
湖　南	Hunan	2426	2294	1698
广　东	Guangdong	2717	1474	989
广　西	Guangxi	2488	1619	1579
海　南	Hainan	340	145	128
重　庆	Chongqing	1004	671	617
四　川	Sichuan	2449	1608	2150
贵　州	Guizhou	2777	1745	1571
云　南	Yunnan	1882	1180	1107
西　藏	Xizang	606	295	174
陕　西	Shaanxi	2518	1915	1753
甘　肃	Gansu	1798	1292	1421
青　海	Qinghai	573	486	401
宁　夏	Ningxia	504	329	326
新　疆	Xinjiang	1083	845	704

注　本表只包括当年正式施工的水利工程设施项目和机构能力建设项目，不包括建设投资计划安排的水利前期、规划及专题研究等项目。

Note　This table only includes water projects under construction and capacity building, excluding work conducted in the early stage of the project such as feasibility studies, planning and special-subject studies.

6-4 历年水利建设完成投资

Completed Investment for Water Project Construction by Year

单位：万元 unit: 10^4 yuan

年份 Year	完成投资合计 Total Completed Investment	中央投资 Central Goverment Investment	其他投资 Others
1961	96041		
1962	77990		
1963	86760		
1964	100800		
1965	101600		
1966	161400		
1967	145800		
1968	88100		
1969	135700		
1970	170400		
1971	210000		
1972	227900		
1973	240900		
1974	236700		
1975	260600		
1976	291400		
1977	286600		
1978	353300		
1979	370400		
1980	270700		
1981	135700		
1982	174737		
1983	211296		
1984	206828		
1985	201580		
1986	228702		
1987	271012		
1988	306454		
1989	355508		
1990	487203		
1991	648677		
1992	971670		
1993	1249260		
1994	1687353		
1995	2063156		
1996	2385240		
1997	3154061		
1998	4676865		
1999	4991476		
2000	6129331	2954199	3175132
2001	5607065	2757822	2849243
2002	8192153	4149894	4042259
2003	7434176	3124746	4309430
2004	7835450	2925784	4909666
2005	7468483	2547065	4921418
2006	7938444	2987571	4950873
2007	9448538	3550444	5898094
2008	10882012	4169558	6712455
2009	18940321	8453697	10486624
2010	23199265	9604835	13594430
2011	30860284	14353990	16506294
2012	39642358	20332106	19310252
2013	37576331	17298370	20277960
2014	40831354	16485110	24346244
2015	54522165	22312410	32209755
2016	60995861	16790762	44205099
2017	71323681	17571183	53752498
2018	66025726	17527438	48498378
2019	67117376	17511092	49606284
2020	81816711	17868781	63947930
2021	75759565	17085856	58673709
2022	108931954	22179448	86752506
2023	119962355	25521942	94440413
2024	135286445	67228542	68057903

6-5 历年水利建设到位投资

Allocated Investment for Water Project Construction by Year

单位：万元 unit: 10^4 yuan

年份 Year	计划投资 Planned Investment	到位投资合计 Total Allocated Investment	中央投资 Central Government Investment	其他投资 Others
2001	8158739	5820373	3063614	2756759
2002	7873236	6985271	3552762	3432509
2003	8137149	6794217	2926763	3867454
2004	7902719	6393526	2315087	4078439
2005	8273650	7122425	2439757	4682668
2006	9327119	8404460	3428579	4975881
2007	10264653	9208767	3403233	5805533
2008	16040746	14184747	6497568	7687178
2009	17026927	17243218	6560403	10682815
2010	27075729	25800210	13639088	12161123
2011	33481528	32243193	15535845	16707349
2012	40876505	39956593	21100811	18855782
2013	39539765	38210322	17658910	20551412
2014	43450623	43114345	18049685	25064660
2015	48263718	47401460	18632804	28768656
2016	62214867	60576270	16777604	43798666
2017	71882059	70151774	17794492	52357282
2018	65980210	63938343	17529155	46409188
2019	69892344	68753565	17335333	51418232
2020	83294506	80437076	18130461	62306615
2021	80195851	77296105	18675126	58620979
2022	115639913	111463401	21932495	89530906
2023	122381641	105316555	21788585	83527970
2024	139542536	129970006	71384608	58585398

6-6 2024 年水利建设到位投资和完成投资（按地区分）

Allocated and Completed Investment of Water Project Construction in 2024 (by Region)

单位：万元 unit: 10^4 yuan

地区	Region	计划投资 Planned Investment	到位投资 合计 Total Allocated Investment	到位投资 #中央投资 Central Government Investment	到位投资 地方投资 Local Government Investment	完成投资 合计 Total Completed Investment	完成投资 #中央投资 Central Government Investment	完成投资 地方投资 Local Government Investment
合 计	**Total**	**139542536**	**129970006**	**71384608**	**38588901**	**135286445**	**67228542**	**44442217**
北 京	Beijing	5810854	5585346	5164398	420949	4194596	3848783	345493
天 津	Tianjin	2480451	2466327	2320087	125615	2090218	1803829	179413
河 北	Hebei	11320681	10754690	8811557	1709111	10225154	7484296	2382265
山 西	Shanxi	2359114	2322752	705260	1122452	2331597	660088	1159297
内蒙古	Inner Mongolia	1665831	1665831	810257	524499	1837640	773054	606866
辽 宁	Liaoning	2242959	2242959	1126166	525814	2581347	1126180	727531
吉 林	Jilin	1837745	1599295	1416451	108497	1864058	1465208	346592
黑龙江	Heilongjiang	2899686	2891390	2434940	430696	2581475	2248115	308838
上 海	Shanghai	1697564	945395	95973	849422	1608956	124284	1484672
江 苏	Jiangsu	6366003	6208499	2108060	3351167	6270528	1930057	3403644
浙 江	Zhejiang	8365287	7651156	2757287	3328767	8310104	2643847	3912519
安 徽	Anhui	6893214	6849217	3350328	2316631	6635487	3367542	2293194
福 建	Fujian	5858648	5867960	1416840	2937553	5823712	1385288	2917131
江 西	Jiangxi	7044012	6552447	2496031	2530557	6428816	2446619	2493744
山 东	Shandong	7402258	5924277	2162309	1760462	7247417	2227114	2376733
河 南	Henan	6517103	5764400	3543784	1434427	5832777	3520235	1218092
湖 北	Hubei	6837120	6827206	4148446	1297766	7049351	4154056	1495443
湖 南	Hunan	6565161	6565161	4393841	1544903	6549737	4387868	1532663
广 东	Guangdong	10676559	9026949	2522700	5221624	10622019	2033048	6703574
广 西	Guangxi	4846695	4393368	2749867	832590	4217050	2423484	925180
海 南	Hainan	1004716	274935	123826	151109	1120805	602218	494668
重 庆	Chongqing	3842169	3728230	2652110	295428	4066194	2545565	452633
四 川	Sichuan	6047544	5856099	3207754	1459174	6094087	3274628	1568876
贵 州	Guizhou	3087952	3087952	2109044	883361	3365893	2087815	1085422
云 南	Yunnan	3618458	3474338	2381771	923033	3878638	2085776	984166
西 藏	Xizang	503009	449204	367011	52193	569388	475037	54729
陕 西	Shaanxi	3804410	3274938	1384079	736245	3823883	1594336	951645
甘 肃	Gansu	2106078	1942401	1278926	523335	2207458	1275376	680678
青 海	Qinghai	605391	613656	397956	197656	626379	397072	216736
宁 夏	Ningxia	827813	822782	632949	162128	820495	626065	143450
新 疆	Xinjiang	4408050	4340846	2314601	831739	4411185	2211663	996326

注 本年投资来源中只单列中央和地方政府投资，利用外资、企业和私人投资以及贷款等投资包含在合计中。

Note Only central and local government investment are listed separately in the sources of the investment in the present year and the investments of foreign capital, enterprises, private sector and bank loans are included in the total.

6-7 历年中央水利建设计划投资

Investment Plan of Central Government for Water Projects by Year

单位：万元 unit: 10^4 yuan

年份 Year	合计 Total	中央投资合计 Total Investment of Central Government	国家预算内拨款 National Budget Allocation	国家预算内专项资金 Special Funds from National Budget	银行贷款 Bank Loan	水利建设基金 Water Project Construction Funds	利用外资 Foreign Investment	自筹资金 Self-raising Funds	财政专项 Financial Special Funds	地方配套 Local Counterpart Funds
1991	655166									
1992	1028934									
1993	1376411									
1994	1886707									
1995	2231891									
1996	2688028	1055600	439600		335000		185000	500	95500	1632428
1997	3384137	1368861	627800		345775	219590	166000	9696		2015276
1998	7101177	3623900	802700	2177900	326900	140000	156400	20000		3477277
1999	7035634	3376228	593800	2334410	105658	180000	149000	13360		3659406
2000	6109753	2641132	573750	1776382	15000	180000	66000	30000		3468621
2001	5731680	3799585	542912	2991024		180000	85649			1932095
2002	5731139	3210070	723500	2235070		140000	111500			2521069
2003	6562394	3272983	802500	2311472		110000	49011			3289411
2004	5239960	2788097	687420	1982876		110000	7801			2451863
2005	4955283	2715788	721895	1883644		110000	249			2239495
2006	6254734	2987103	1587945	1294158		105000				3267631
2007	6326569	3088220	1386312	1578908		120000	3000			3238349
2008	11772273	6254207	5494207			120000			640000	5518066
2009	10674744	6370307	4800307			120000			1450000	4304437
2010	18868884	9840567	7010567			150000			2680000	9028317
2011	20518583	11407487	6540567			280000			4586920	9111096
2012	24693914	16229994	8910567			275000			7044427	8463920
2013	20872164	14083113	7170764			222700			6689649	6789051
2014	24262307	16271456	7671817			61950			8385689	7990851
2015	23814269	16852176	8171117			220000			8461059	6962093
2016	20025747	14158877	8159138						5999739	5866870
2017	23603959	15585510	8935510						6650000	8018449
2018	23360456	15545932	8795932						6750000	7814524
2019	22230249	14660900	9118600						5542300	7569349
2020	25179537	14561901	8919601						5642300	10617636
2021	26443451	14819850	9009650						5810200	11623601
2022	28607678	14856552	8796217						6060335	13751126
2023	26949105	14785189	8603100						6182089	12163916
2024	16044571	8222245	4121000						4101245	7822326

注 1. 从2003年开始，中央水利建设计划投资包括南水北调当年投资。
2. 2007年中央水利建设计划投资不包括当年中央财政转移支付地方水利专项资金32亿元。
3. 2008年中央水利建设计划投资不包括当年小型农田水利建设中央财政专项补助资金30亿元。

Notes 1. Investment plans of central government for water project construction since 2003 include those for South-North Water Diversion Project.
2. In 2007, investment plans of central government for water project construction exclude 3.2 billion yuan of Central Government funds transferred to special funds of local governments.
3. In 2008, investment plans of central government for water project construction exclude 3 billion yuan of special funds to small on-farm irrigation and drainage works from the Central Government Finance.

6-8 2024年中央水利建设计划投资（按地区分）

Investment Plan of Central Government for Water Projects in 2024 (by Region)

单位：万元 unit: 10^4 yuan

地区	Region	合计 Total	中央投资合计 Total Investment of Central Government	国家预算内拨款 National Budget Allocation	财政专项 Financial Special Funds	地方配套 Local Counterpart Funds
合　计	**Total**	**16044571**	**8222245**	**4121000**	**4101245**	**7822326**
北　京	Beijing	82294	40161	6061	34100	42133
天　津	Tianjin	26007	24184	277	23907	1823
河　北	Hebei	429240	410237	22497	387740	19003
山　西	Shanxi	197476	146774	30415	116359	50702
内蒙古	Inner Mongolia	768213	337522	219939	117583	430691
辽　宁	Liaoning	320722	108375	41102	67273	212347
吉　林	Jilin	391499	207262	81016	126246	184237
黑龙江	Heilongjiang	202420	167259	65314	101945	35161
上　海	Shanghai	1321	442		442	879
江　苏	Jiangsu	952605	592635	518094	74541	359970
浙　江	Zhejiang	595882	133498	41427	92071	462384
安　徽	Anhui	1511296	674624	559314	115310	836672
福　建	Fujian	445789	145273	48500	96773	300516
江　西	Jiangxi	342403	263039	44712	218327	79364
山　东	Shandong	889657	268828	78039	190789	620829
河　南	Henan	618885	371720	157251	214469	247165
湖　北	Hubei	475842	268732	124438	144294	207110
湖　南	Hunan	370918	305503	38995	266508	65415
广　东	Guangdong	1170689	185372	89060	96312	985317
广　西	Guangxi	802404	502900	367914	134986	299504
海　南	Hainan	287278	82355	49712	32643	204923
重　庆	Chongqing	500206	207183	74354	132829	293023
四　川	Sichuan	664796	374781	106987	267794	290015
贵　州	Guizhou	623803	223472	110581	112891	400331
云　南	Yunnan	322332	248433	52822	195611	73899
西　藏	Xizang	139735	136550	73733	62817	3185
陕　西	Shaanxi	712433	347964	150920	197044	364469
甘　肃	Gansu	341164	267309	87928	179381	73855
青　海	Qinghai	105935	68813	15829	52984	37122
宁　夏	Ningxia	88644	73660	25209	48451	14984
新　疆	Xinjiang	1137473	623810	424984	198826	513663
中央直属	Organizations Directly under the Central	525211	413576	413576		111635

6-9 2024年中央水利建设计划投资（按项目类型分）

Investment Plan of Central Government for Water Projects in 2024 (by Type)

单位：万元 unit: 10^4 yuan

项 目 类 型	Type of Project	合计 Total	中央投资 Investment of Central Government	地方配套 Local Counterpart Funds
合 计	**Total**	**16044571**	**8222245**	**7822326**
一、中央预算内投资	**National Budget Allocation**	**10631330**	**4121000**	**6510330**
（一）国家水网骨干工程	**Major Water Projects**	**8006208**	**3116321**	**4889887**
1. 防洪减灾工程	Flood control and disaster reduction	1696569	1039429	657140
1.1 蓄滞洪区建设	Flood storage and detention area	372966	229850	143116
1.2 其他工程	Others	1323603	809579	514024
2. 水资源配置工程	Optimized allocation of water resources	5010150	1339531	3670619
3. 重大农业节水工程	Water-saving irrigation	1153782	665190	488592
3.1 大中型灌区续建配套节水改造骨干工程	Continued construction of counterpart system for water saving of large & medium irrigation districts	869147	605450	263697
3.2 新建大型灌区	Newly-constructed large irrigation districts	284635	59740	224895
4. 水生态治理工程	Water ecological restoration and improvement	145707	72171	73536
（二）水安全保障工程	**Water Security and Assurance Projects**	**2430557**	**833679**	**1596878**
1. 流域面积3000平方千米以上中小河流治理	Small and medium rivers with a drainage area of more than 3,000 km^2	1110195	392077	718118
2. 重点区域排涝能力建设	Reinforcement of drainage system capability in major areas	183773	64560	119213
3. 大中型病险水库除险加固	Large & Medium risky reservoir reinforcement	112403	62752	49651
4. 中型水库	Medium-sized reservoirs	789215	155756	633459
5. 永定河综合治理与生态修复	Water ecological restoration and improvement of Yongdinghe River	39097	8667	30430
6. 坡耕地水土流失治理	Soil erosion control of slope cultivated land	124195	96390	27805
7. 新建淤地坝	Silt-trap dam construction	71679	53477	18202
（三）行业能力建设	**Capacity Building**	**194565**	**171000**	**23565**
1. 部属基础设施建设	MWR basic infrastructures construction	32000	32000	
2. 水文基础设施建设（中央）	Hydrological infrastructure construction (MWR)	50000	50000	
3. 水文基础设施建设（地方）	Hydrological infrastructure construction (local)	73565	50000	23565
4. 前期工作	Early-stage work	39000	39000	
二、中央财政水利发展资金	**Specil Development Funds of Central Government Finance**	**5413241**	**4101245**	**1311996**

6-10 历年分资金来源中央政府水利建设完成投资

Completed Investment of Central Government for Basic Water Project Construction by Financial Resources and Year

单位：万元 unit: 10^4 yuan

年份 Year	完成投资合计 Total Completed Investment	国家预算内拨款 National Budget Allocation	国家预算内专项资金 Special Funds from National Budget	国内贷款 Domestic Loan	债券 Bonds	水利建设基金 Water Project Construction Funds	利用外资 Foreign Investment	自筹资金 Self-raising Funds	其他 Others
2003	3124746	537661	2319549	75825	2080	116441	24625	6890	41674
2004	2925784	845984	1891397	46866		75751	38935	8831	18020
2005	2547065	659224	1769155			90406		3499	24782
2006	2987571	1160369	1728516			70474		3389	24824
2007	3550444	1694283	1737805			83395		16833	18128
2008	4169558	2499243	1326835			215404		2660	125415
2009	8453697	6651275	694317			528613		4111	575381
2010	9604835	6077624	162274			1679759		2338	1682839
2011	14353990	5865385	18996	3459382	4219353	294695		7217	488962
2012	20332106	9423985	49308	6263232	3961091	377388	1349	255754	488962

年份 Year	完成投资合计 Total Completed Investment	国家预算内拨款 National Budget Allocation	国家预算内专项资金 Special Funds from National Budget	财政专项资金 Financial Special Funds	重大水利工程建设基金 Major Water Project Construction Funds	水利建设基金 Water Project Construction Funds	自筹资金 Self-raising Funds	其他 Others
2013	17298370	7739486	18037	5043911	3992849	181873	3863	318352
2014	16485110	8120690	15802	6350347	1070910	142712		784648
2015	22312410	10547144	3698	10675623	475248	66673		544023
2016	16792314	9303026		7247845	10202	9687	7728	213827
2017	17571183	10023960		7209334	65043	3790		269055
2018	17527348	9579176		7556774	205730	5870	3552	176245
2019	17511092	10009124		6726845	26820	109964	1564	636774
2020	17868781	9610948		7848570				409263

年份 Year	完成投资合计 Total Completed Investment	国家预算内拨款 National Budget Allocation	财政专项资金 Financial Special Funds	重大水利工程建设基金 Major Water Project Construction Funds	其他 Others
2021	17085856	8582481	8049043	18186	436146
2022	22179448	10218887	10772127	217999	970434
2023	25521942	12087551	7199261	791687	5443445
2024	67228542	4378847	4087656		58762039

注 1. 2014 年开始，中央水利建设计划投资其他项中包括土地出让收益。
2. 2021 年财政专项资金包含特别国债 154252 万元。
3. 2024 年其他资金包含 2023 年增发国债 49966397 万元，超长期特别国债 727020 万元。

Notes 1. The other items under the Central Government investment plan for water project construction include land sale revenues since 2014.
2. In 2021, Financial Special Funds include Special treasury bonds 1,542.52 million yuan.
3. In 2024, Others include 499.66397 billion yuan of additional issuance of treasury bond in 2023 and 7270.20 milion yuan of ultra-long special sovereign bonds.

6-11 2024 年分资金来源中央政府水利建设完成投资（按地区分）

Completed Investment of Central Government for Basic Water Project Construction by Financial Resources in 2024 (by Region)

单位：万元 unit: 10^4yuan

地区	Region	完成投资 合计 Total Completed Investment	国家预算内拨款 National Budget Allocation	财政专项资金 Financial Special Funds	2023 年增发国债 Additional Issuance of Treasury Bond in 2023	超长期特别国债 Ultra-long Special Sovereign Bonds	其他 Others
合　计	**Total**	**67228542**	**4378847**	**4087656**	**49966397**	**727020**	**8068622**
北　京	Beijing	3848783	43571	33021	3639428	58202	74561
天　津	Tianjin	1803829	8092	23894	1475125	156533	140185
河　北	Hebei	7484296	42166	355916	6482091	206652	397471
山　西	Shanxi	660088	33349	122234	304315	111	200078
内蒙古	Inner Mongolia	773054	225863	114790	338772		93630
辽　宁	Liaoning	1126180	51993	63990	834629		175568
吉　林	Jilin	1465208	99116	132783	1125017	4900	103392
黑龙江	Heilongjiang	2248115	86484	103162	1917114	127540	13815
上　海	Shanghai	124284	3392	442	120450		
江　苏	Jiangsu	1930057	522411	71917	926980		408748
浙　江	Zhejiang	2643847	40672	90083	2263952		249139
安　徽	Anhui	3367542	562309	114612	2587333		103287
福　建	Fujian	1385288	48500	74564	1077558		184666
江　西	Jiangxi	2446619	45902	217235	1970271		213211
山　东	Shandong	2227114	141999	185308	1541376	108025	250406
河　南	Henan	3520235	279108	210050	2602958	65056	363062
湖　北	Hubei	4154056	314113	147835	3215597		476511
湖　南	Hunan	4387868	42341	268753	3185266		891508
广　东	Guangdong	2033048	96252	100062	1140121		696614
广　西	Guangxi	2423484	372842	140111	1287244		623287
海　南	Hainan	602218	44647	27136	492807		37629
重　庆	Chongqing	2545565	93446	126568	1459064		866487
四　川	Sichuan	3274628	200535	269995	2530517		273581
贵　州	Guizhou	2087815	93078	123473	1817846		53417
云　南	Yunnan	2085776	58188	198627	1573907		255054
西　藏	Xizang	475037	97204	78755	211126		87952
陕　西	Shaanxi	1594336	160959	224780	1009380		199217
甘　肃	Gansu	1275376	97774	172695	782307		222600
青　海	Qinghai	397072	25152	59125	216489		96305
宁　夏	Ningxia	626065	28389	49101	499272		49304
新　疆	Xinjiang	2211663	419002	186638	1338086		267936

6-12 历年分资金来源地方政府水利建设完成投资

Completed Investment of Local Government Funding for Water Project Construction by Financial Resources and Year

单位：万元 unit: 10^4 yuan

年份 Year	完成投资 合计 Total Completed Investment	国家预算内拨款 National Budget Allocation	国家预算内专项资金 Special Funds from National Budget	国内贷款 Domestic Loan	债券 Bonds	水利建设基金 Water Project Construction Funds	利用外资 Foreign Investment	自筹资金 Self-raising Funds	其他 Others
2004	4909666	412915	31012	979490		212152	83381	2954103	236614
2005	3153043	671408	24481			212292		1911277	333585
2006	3328865	771171	118653			290750		1781509	366782
2007	4323681	1005975	219184			594419		2182566	321537
2008	4988317	1404392	277876			389544		2350969	565535
2009	8088050	2648216	593286			526050		3334543	985954
2010	9188067	3102910	785587			472065		3159588	1667918

年份 Year	完成投资 合计 Total Completed Investment	国家预算内拨款 National Budget Allocation	国家预算内专项资金 Special Funds from National Budget	财政专项资金 Financial Special Funds	重大水利工程建设基金 Major Water Project Construction Funds	水利建设基金 Water Project Construction Funds	土地出让收益 Land Revenue	自筹资金 Self-raising Funds	其他 Others
2011	12236742	3122803	272666	2188692	158941	501415	121455	4061132	1809637
2012	14644959	3490796	204461	3778785	387799	823099	256976	3502871	2200172
2013	15420031	3628048	109293	4330599	256673	898681	207592	3602855	2386289
2014	18624883	4699739	8147	5242028	296632	1181742	294426	3398976	3503193
2015	25546426	4949487	138296	8245790	328895	1354664	448265	5731487	4349541

年份 Year	完成投资 合计 Total Completed Investment	#省级 Provincial Level	地市级 Prefecture/City Level	县级 County Level
2016	28982085	11841645	6464749	10675691
2017	35781893	13777335	7760770	14243788
2018	32595632	12260908	6841351	13493373
2019	34879289	12383357	7840525	14655407
2020	48478334	15916000	11771189	20791145
2021	42368181	13108522	10352581	18907078
2022	60041240	18702890	10983945	30354405
2023	61288051			
2024	44442217	10733284	5123408	14825265

注 本表的国家预算内专项资金是通过其他渠道下达的中央转贷地方国债资金。2011 年、2012 年、2013 年、2014 年、2015 年"其他"中含水资源费完成投资。

Note The special funds from national budget in this table are sourced from national bonds transferred from the Central Government to local government. The "Others" of 2011, 2012, 2013, 2014 and 2015 in the table include completed investment sourced from water resources fee.

6-13　2024 年分资金来源地方政府水利建设完成投资（按地区分）

Completed Investment of Local Government Funding for Water Project Construction by Financial Resources in 2024 (by Region)

单位：万元　　　　unit: 10^4 yuan

地区	Region	完成投资 合计 Total Completed Investment	省级政府财政性资金 Government Financial Funds of Provincial Level	地市级政府财政性资金 Government Financial Funds of Prefecture/ City Level	县级政府财政发性资金 Government Financial Funds of County Level	地方政府一般债券 Local Government General Bonds	地方政府专项债券 Local Government Special Bonds
合　计	**Total**	**44442217**	**10733284**	**5123408**	**14825265**	**2922414**	**10837846**
北　京	Beijing	345493	209547	106989		28957	
天　津	Tianjin	179413	8912	52213	9204	21155	87929
河　北	Hebei	2382265	295038	112083	482284	571959	920901
山　西	Shanxi	1159297	399996	83331	270733	255136	150101
内蒙古	Inner Mongolia	606866	234179	164166	37166	143780	27575
辽　宁	Liaoning	727531	294688	113366	200562	58185	60731
吉　林	Jilin	346592	244277	3587	23685	48899	26144
黑龙江	Heilongjiang	308838	20283	3733	9517	275305	
上　海	Shanghai	1484672	1024325	356322	104025		
江　苏	Jiangsu	3403644	1280910	254062	1541323	66426	260923
浙　江	Zhejiang	3912519	844939	432428	2045230	73662	516259
安　徽	Anhui	2293194	531898	268834	432125	3840	1056497
福　建	Fujian	2917131	154808	343115	2120265	15385	283558
江　西	Jiangxi	2493744	421391	79460	1097070	38664	857159
山　东	Shandong	2376733	152706	178225	907025	22168	1116609
河　南	Henan	1218092	235132	321486	262813	83419	315242
湖　北	Hubei	1495443	317806	327927	596610	129608	123492
湖　南	Hunan	1532663	420127	29830	361370	5794	715542
广　东	Guangdong	6703574	571041	1035136	2492544	286078	2318776
广　西	Guangxi	925180	286088	50359	90109	258712	239913
海　南	Hainan	494668	185940	6438	30353	8553	263385
重　庆	Chongqing	452633	291594		63616	11165	86258
四　川	Sichuan	1568876	356672	178362	488711	41522	503610
贵　州	Guizhou	1085422	701219	19727	216099	13423	134954
云　南	Yunnan	984166	531493	40745	145605	112909	153415
西　藏	Xizang	54729	54196	367	167		
陕　西	Shaanxi	951645	362320	318862	115342	38563	116559
甘　肃	Gansu	680678	150954	18468	292391	22814	196051
青　海	Qinghai	216736	29487	18895	37357	97497	33500
宁　夏	Ningxia	143450	48898	10818	36598	43291	3845
新　疆	Xinjiang	996326	72421	194075	315368	145543	268919

6-14 历年分资金来源水利建设完成投资

Completed Investment for Water Project Construction by Financial Sources and Year

单位：万元 unit: 10^4 yuan

年份 Year	完成投资合计 Total Completed Investment	政府投资① Government Investment①	中央 Central	地方 Local	利用外资 Foreign Investment	企业和私人投资 Company and Private Investment	国内贷款 Domestic Loan	债券 Bonds	其他 Others
2007	9448538	7874125	3550444	4323681	94756	383498	833576	400	262183
2008	10882012	9157875	4169558	4988317	105085	358735	969469		290849
2009	18940321	16541747	8453697	8088050	75675	414027	1528610	63912	316349
2010	23199265	18792902	9604835	9188067	13058	480135	3374355	25299	513516
2011	30860284	26590732	14353990	12236742	44176	749193	2703080	38614	734489
2012	39642358	34977066	20332106	14644959	41295	1133757	2655028	51882	783330
2013	37576331	32718401	17298370	15420031	85724	1607082	1726871	17221	1421031
2014	40831354	35109993	16485110	18624883	43286	899416	2996401	17200	1765057
2015	54522165	47858836	22312410	25546426	75704	1879054	3386394	4461	1316967
2016	60995861	45774399	16792314	28982085	69814	4247073	8795486	38335	2070754
2017	71323681	53353077	17571183	35781893	80395	6007904	9257656	265419	2359231
2018	66025726	50122981	17527348	32595632	48936	5650623	7524538	415948	2262701
2019	67117376	52390381	17511092	34879289	56512	5879988	6362780	99751	2327964
2020	81816711	66347115	17868781	48478334	106736	6904049	6139504	871647	1447660
2021	75759565	59454036	17085856	42368181	81473	7181739	6988854	1042735	1010728
2022	108931954	82220688	22179448	60041240	58618	10654811	14506923	751314	739600
2023	119962355	86809994	25521942	61288051		12919129	20233233		
2024	135286445	111670759	67228542	44442217		10847998	12767688		

① 政府投资指中央及地方各级政府完成的水利建设的各项财政资金（包括预算内非经营性基金、国债专项资金和水利建设基金等）和政府部门自筹投资等。

① Government investment refers to all sorts of financial funds from Central Government and local governments at all levels (including non-business funds from budget, special funds and bonds and water project construction funds) and self-raising funds of governmental departments.

6-15 2024年分资金来源水利建设完成投资（按地区分）

Completed Investment for Water Project Construction by Financial Sources in 2024 (by Region)

单位：万元 unit: 10^4 yuan

地区	Region	完成投资合计 Total Completed Investment	政府投资① Government Investment①	中央 Central	地方 Local	企业和私人投资 Company and Private Investment	国内贷款 Domestic Loan
合 计	**Total**	**135286445**	**111670759**	**67228542**	**44442217**	**10847998**	**12767688**
北 京	Beijing	4194596	4194276	3848783	345493	320	
天 津	Tianjin	2090218	1983242	1803829	179413	92105	14871
河 北	Hebei	10225154	9866561	7484296	2382265	265344	93249
山 西	Shanxi	2331597	1819385	660088	1159297	210367	301845
内蒙古	Inner Mongolia	1837640	1379921	773054	606866	71576	386144
辽 宁	Liaoning	2581347	1853710	1126180	727531	430304	297333
吉 林	Jilin	1864058	1811799	1465208	346592	6760	45499
黑龙江	Heilongjiang	2581475	2556953	2248115	308838	20522	4000
上 海	Shanghai	1608956	1608956	124284	1484672		
江 苏	Jiangsu	6270528	5333701	1930057	3403644	494891	441936
浙 江	Zhejiang	8310104	6556366	2643847	3912519	606156	1147583
安 徽	Anhui	6635487	5660736	3367542	2293194	70474	904277
福 建	Fujian	5823712	4302419	1385288	2917131	807660	713633
江 西	Jiangxi	6428816	4940363	2446619	2493744	259748	1228706
山 东	Shandong	7247417	4603848	2227114	2376733	1469874	1173696
河 南	Henan	5832777	4738327	3520235	1218092	566051	528399
湖 北	Hubei	7049351	5649498	4154056	1495443	796145	603707
湖 南	Hunan	6549737	5920531	4387868	1532663	116870	512336
广 东	Guangdong	10622019	8736622	2033048	6703574	1079704	805692
广 西	Guangxi	4217050	3348664	2423484	925180	284869	583516
海 南	Hainan	1120805	1096886	602218	494668		23919
重 庆	Chongqing	4066194	2998198	2545565	452633	788246	279750
四 川	Sichuan	6094087	4843504	3274628	1568876	332375	918208
贵 州	Guizhou	3365893	3173237	2087815	1085422	29143	163513
云 南	Yunnan	3878638	3069942	2085776	984166	524912	283784
西 藏	Xizang	569388	529766	475037	54729		39622
陕 西	Shaanxi	3823883	2545982	1594336	951645	793721	484180
甘 肃	Gansu	2207458	1956054	1275376	680678	170560	80843
青 海	Qinghai	626379	613808	397072	216736		12572
宁 夏	Ningxia	820495	769516	626065	143450	9587	41392
新 疆	Xinjiang	4411185	3207989	2211663	996326	549713	653483

① 政府投资指中央及地方各级政府完成的水利建设的各项财政资金（包括预算内非经营性基金、国债专项资金和水利建设基金等）和政府部门自筹投资等。

① Government investment refers to all sorts of financial funds from Central Government and local governments at all levels (including non-business funds from budget, special funds and bonds and water project construction funds) and self-raising funds of governmental departments.

6-16 历年分用途水利建设完成投资

Completed Investment for Water Project Construction by Function and Year

单位：万元 unit: 10^4 yuan

年份 Year	完成投资 合计 Total Completed Investment	水库 Reservoir	防洪 Flood Control	灌溉 Irrigation	除涝 Drainage	供水 Water Supply	水电 Hydropower	水保及生态 Soil Conservation and Ecological Restoration	机构能力建设 Capacity Building	前期工作 Early-stage Work	其他 Others
1963	86760	43349	9735	10915	15006						7755
1979	370400	99352	36856	96545	44911						92736
1980	270700	91673	29628	61211	27240						60948
1981	135700	52191	20783	23579	7469						31678
1982	174737	51607	8641	28606	8323						77560
1983	211296	56110	20271	36301	10250						88364
1984	206828	56174	23682	42147	13752						71073
1985	201580	53477	32567	43146	14887						57503
1986	228702	53937	43456	46689	12542	12272					59806
1987	271012	75211	58208	51691	17169	5222					63511
1988	306454	82400	71690	59632	17501	2533					72698
1989	355508	105133	72675	73017	20855	3674					80154
1990	487203	135140	102015	105913	21430	35619					87086
1991	648677	139023	138463	123888	28583	55188	98356				65176
1992	971670	198994	221794	161717	50616	95338	154145				89066
1993	1249260	308558	236551	176821	39098	119747	243324				125161
1994	1687353	436379	242735	162911	57023	237327	393176				157802
1995	2063156	589771	318514	182524	68919	139079	581660				182689
1996	2385240	919545	362152	231447	73659	143625	486151				168661
1997	3154061	1001367	510191	307183	65073	284668	791548				194031
1998	4676865	1131204	1570617	591833	91479	277736	704240				309756
1999	4991576	1122989	2266682	280571	109693	287314	473833	120034			330460
2000	6129331	960273	3049937	537250	110118	410900	563284	182927			314642

6-16 续表 continued

年份 Year	完成投资 合计 Total Completed Investment	防洪 Flood Control	灌溉 Irrigation	除涝 Drainage	供水 Water Supply	水电 Hydropower	水保及生态 Soil Conservation and Ecological Restoration	机构能力建设 Capacity Building	前期工作 Early-stage Work	其他 Others
2001	5607065	3083006	703721	112183	806205	301137	176624	192108	88888	143538
2002	8192153	4407481	1000174	103544	1515592	466745	319977	169155	68250	141236
2003	7434176	3350814	1045892	88164	1206149	622774	519068	161628	93008	346678
2004	7835450	3579295	875545	90180	1307918	715307	587101	71699	103206	505200
2005	7468483	2781555	1065966	146744	1165206	654724	391856	224008	102562	935862
2006	7938444	2787116	1094704	94098	2082293	573234	422184	65560	136359	682897
2007	9448538	2985677	1039159	199132	3011747	664919	603164	88527	116046	740166
2008	10882012	3465187	1165918	235203	3512571	773709	768749	106007	160441	694229
2009	18940321	6287388	2482320	460735	6178105	720419	867355	106040	158802	1679157
2010	23199265	6635903	3342666	210569	7362713	1053896	858998	195615	248711	3290195
2011	30860284	9962265	4691165	220764	8150170	1090134	953860	402459	420380	4969087
2012	39642358	13942837	6344734	316750	12770928	1171955	1181181	595519	407417	2911038
2013	37576331	13044565	6717187	313072	10614102	1644196	1028920	525410	407346	3281531
2014	40831354	14674482	8230453	551045	10291072	2169022	1412978	409444	650643	2442215
2015	54522165	18791182	13917741	511348	13165716	1520851	1929413	292403	1019151	3374362
2016	60995861	19425029	13599045	1345090	12252598	1666460	4037228	569347	1740192	6360871
2017	71323681	22375176	13706228	2012660	13342899	1458477	6826407	314856	1812265	9474713
2018	66025726	20037244	11724463	1716342	13775575	1209965	7414886	469956	1320205	8357090
2019	67117376	20912904	8050500	1984952	16432286	1066847	9134280	634032	1327181	7574393
2020	81816711	25737869	9763641	2280167	21003188	924484	12209480	851815	1573133	7472932
2021	75759565	22906848	8269786	2063156	20394681	788081	11235629	798825	1364920	7937640
2022	108931954	32433277	13486169	3850514	31249006	1073337	16254650	1243702	2040878	7300421
2023	119962355	34670307	15589415	4793201	35364403	792326	14455347	1307281	2435144	10554931
2024	135286445	43910269	20690152	6499022	29238681	532484	10960426	1586761	2288742	19579907

注 1998年前未细分出水保及生态，均放于“其他”中；2001年以后，水库投资已按用途分摊到有关工程类型中。

Note Soil and water conservation and ecological restoration projects are grouped into “Others” before the year of 1998. After the year of 2001, the investment of reservoir has been grouped into other projects in accordance with its function.

6-17 2024年分用途水利建设完成投资（按地区分）

Completed Investment for Water Project Construction by Function in 2024 (by Region)

单位：万元　　　　unit: 10^4 yuan

地区	Region	完成投资合计 Total Completed Investment	防洪 Flood Control	灌溉 Irrigation	除涝 Drainage	供水 Water Supply	水电 Hydropower	水保及生态 Soil Conservation and Ecological Restoration	机构能力建设 Capacity Building	前期工作 Early-stage Work	其他 Others
合　计	**Total**	**135286445**	**43910269**	**20690152**	**6499022**	**29238681**	**532484**	**10960426**	**1586761**	**2288742**	**19579907**
北　京	Beijing	4194596	2599229		36931	78696	22525	55962	13994	15249	1372010
天　津	Tianjin	2090218	876120	40946	230373	101225	25589	117414	21418	22746	654386
河　北	Hebei	10225154	4480907	665622	278571	998548	22012	459014	164825	177353	2978303
山　西	Shanxi	2331597	691979	327374	11253	666616	1454	272608	61329	116870	182113
内蒙古	Inner Mongolia	1837640	322965	225900	18798	875786	947	263783	14380	17674	97407
辽　宁	Liaoning	2581347	867187	315976	192088	597772	2095	225746	4212	20604	355668
吉　林	Jilin	1864058	410325	417974	36307	344890	1358	346981	9830	54627	241766
黑龙江	Heilongjiang	2581475	575449	280905	156685	147535		571740	4427	10576	834159
上　海	Shanghai	1608956	946883	252	96841	38459	159	308022	1631	42089	174619
江　苏	Jiangsu	6270528	1957277	937758	505280	549999		817678	88560	131557	1282420
浙　江	Zhejiang	8310104	4124426	391268	520138	1172726	10197	264872	10069	53180	1763227
安　徽	Anhui	6635487	2430117	927766	565738	1910497		237854	22924	9810	530782
福　建	Fujian	5823712	1682501	231565	268193	1789355	22263	632065	58728	246321	892721
江　西	Jiangxi	6428816	1618123	1478523	395120	1362464	1550	1026938	231003	85430	229666
山　东	Shandong	7247417	1999908	829489	424481	2105382	1458	180510	159652	69607	1476929
河　南	Henan	5832777	1828247	990749	270947	1182352	2904	352624	53214	193245	958495
湖　北	Hubei	7049351	2432273	1407398	572513	1139950	10769	933499	185411	163023	204513
湖　南	Hunan	6549737	2290442	1741918	461157	933586	65224	171330	60579	76003	749498
广　东	Guangdong	10622019	3130217	561323	1050713	2965872	131396	1840321	164168	209098	568911
广　西	Guangxi	4217050	910916	1013245	198536	1164034	92713	180214	29512	148508	479373
海　南	Hainan	1120805	222602	234801	4592	347959	3320	32979	24982	4381	245189
重　庆	Chongqing	4066194	1482430	585414	11218	1135995	17041	289863	32426	8756	503051
四　川	Sichuan	6094087	1729997	1949400	75028	1327880	12616	245644	45050	63911	644562
贵　州	Guizhou	3365893	1113814	575311	13970	886721	14590	88088	5743	83880	583777
云　南	Yunnan	3878638	502692	890690	16725	1827349	357	76555	6577	73606	484086
西　藏	Xizang	569388	143507	118928		88273		19033	48433	23458	127756
陕　西	Shaanxi	3823883	979777	260487	79687	1447321	3086	537304	19635	50856	445729
甘　肃	Gansu	2207458	526525	661875		695686		259093	16289	16740	31250
青　海	Qinghai	626379	200181	99815	99	167660	378	37935	3950	26259	90103
宁　夏	Ningxia	820495	383819	220637	6276	78580		59562	432	11918	59271
新　疆	Xinjiang	4411185	449433	2306845	763	1109514	66483	55195	23379	61406	338166

6-18　历年各水资源分区水利建设完成投资

Completed Investment for Water Project Construction by Water Resources Sub-region and Year

单位：亿元　　　　unit: 10^8 yuan

年份 Year	完成投资合计 Total Completed Investment	松花江区 Songhua River	辽河区 Liaohe River	海河区 Haihe River	黄河区 Yellow River	淮河区 Huaihe River	长江区 Yangtze River	珠江区 Pearl River	东南诸河区 Rivers in Southeast	西南诸河区 Rivers in Southwest	西北诸河区 Rivers in Northwest
1991	64.87	2.39	3.00	3.88	11.08	5.99	18.84	9.51			
1992	97.17	4.71	3.62	6.40	16.35	9.37	32.11	12.26			
1993	124.93	3.77	6.20	11.62	24.26	7.74	39.27	13.49			
1994	168.74	6.13	5.21	12.38	33.36	12.08	51.47	21.04			
1995	206.32	5.38	6.96	14.00	52.51	16.15	59.88	17.38			
1996	238.52	4.08	3.63	20.34	68.03	17.17	58.17	21.95			
1997	315.41	5.01	2.81	20.91	92.58	18.25	72.32	38.39			
1998	467.56	13.47	3.54	31.28	116.17	29.78	125.73	50.36			
1999	499.16	6.29	26.4	21.44	104.67	33.85	157.97	43.47			
2000	612.93	9.42	24.23	47.21	95.84	38.25	218.37	62.45			
2001	560.71	16.49	7.47	33.54	100.03	32.83	186.58	50.86			
2002	819.22	38.95	12.43	62.20	108.50	46.20	283.38	77.17			
2003	743.42	41.54	10.19	61.83	86.86	51.32	210.65	66.39			
2004	783.55	32.63	11.54	55.43	108.92	84.52	207.31	69.22			
2005	746.85	30.89	21.77	51.60	95.04	80.70	210.76	81.38	91.17	16.83	66.69
2006	793.84	31.44	23.88	112.82	78.46	87.15	219.32	76.83	73.69	16.48	73.80
2007	944.85	33.13	28.55	101.84	111.53	130.89	290.87	75.21	75.59	21.85	75.40
2008	1088.20	38.20	40.88	81.91	123.09	118.48	375.07	100.30	88.54	25.79	95.95
2009	1894.03	73.67	81.11	160.97	281.24	206.18	614.21	195.60	117.72	38.41	124.91
2010	2319.93	74.47	53.95	247.07	341.84	171.35	808.78	262.40	169.50	64.49	126.09
2011	3086.03	124.36	75.43	220.53	528.32	225.73	1230.97	285.94	194.66	68.42	131.67
2012	3964.24	198.92	111.42	274.40	709.14	288.06	1487.49	294.51	293.46	118.04	188.79
2013	3757.63	106.49	125.95	330.83	386.57	366.86	1713.12	256.09	64.95	157.19	249.57
2014	4083.14	235.93	152.26	362.67	354.91	375.22	1712.14	312.55	239.56	163.86	174.04
2015	5452.22	428.96	178.11	533.72	512.35	506.46	1697.25	568.15	458.18	264.21	304.84
2016	6099.59	387.14		552.87	605.33	594.23	1954.70	667.17	765.04	255.44	317.65
2017	7132.37	269.98	83.18	491.54	720.64	568.36	2590.92	747.39	904.66	247.88	507.82
2018	6602.57	290.39	62.39	342.00	667.42	592.37	2441.24	712.79	880.15	245.54	368.29
2019	6711.74	202.10	113.32	478.02	582.05	734.99	2432.58	719.08	870.00	216.31	363.29
2020	8181.67	204.71	111.43	649.62	866.16	1224.53	2698.14	967.22	909.00	170.47	380.41
2021	7575.96	138.09	126.21	546.42	978.33	760.10	2504.62	1058.60	910.09	187.23	366.27
2022	10893.20	274.14	249.45	908.00	1238.34	1021.37	3940.54	1480.23	1143.60	237.73	399.79
2023	11996.24	236.77	309.61	1064.89	991.79	1461.58	4421.84	1579.07	1216.53	243.58	470.57
2024	13528.64	461.96	363.06	2009.21	976.98	1440.62	4548.84	1732.53	1276.83	199.13	519.47

注　2005 年以前，本表按照流域统计当年完成投资，其中东南诸河区、西南诸河区、西北诸河区未作细分。2016 年松花江区含辽河区数据。

Note　Before the year of 2005, the completed investment of the year in this table is calculated based on river basins, and the data of Rivers in Southeast, Rivers in Southwest, Rivers in Northwest, are not given. The data of Liaohe River is included in the Songhua River in 2016.

6-19　2024 年各水资源分区水利建设完成投资（按地区分）

Completed Investment for Water Project Construction by Water Resources Sub-region in 2024 (by Region)

单位：万元　　　　unit: 10^4 yuan

地区	Region	完成投资 合计 Total Completed Investment	松花江区 Songhua River	辽河区 Liaohe River	海河区 Haihe River	黄河区 Yellow River	淮河区 Huaihe River	长江区 Yangtze River	珠江区 Pearl River	东南诸河区 Rivers in Southeast	西南诸河区 Rivers in Southwest	西北诸河区 Rivers in Northwest
合　计	**Total**	**135286445**	**4619646**	**3630633**	**20092058**	**9769797**	**14406263**	**45488354**	**17325270**	**12768339**	**1991347**	**5194738**
北　京	Beijing	4194596			4194596							
天　津	Tianjin	2090218			2090218							
河　北	Hebei	10225154			10225154							
山　西	Shanxi	2331597			730167	1601430						
内蒙古	Inner Mongolia	1837640	243899	983329	28319	521027						61067
辽　宁	Liaoning	2581347		2577517	3830							
吉　林	Jilin	1864058	1794272	69786								
黑龙江	Heilongjiang	2581475	2581475									
上　海	Shanghai	1608956						1608956				
江　苏	Jiangsu	6270528					3535962	2734566				
浙　江	Zhejiang	8310104						1541001		6769103		
安　徽	Anhui	6635487					3115217	3344746		175525		
福　建	Fujian	5823712								5823712		
江　西	Jiangxi	6428816						6428816				
山　东	Shandong	7247417			2158529	751062	4337826					
河　南	Henan	5832777			661245	956419	3417259	797855				
湖　北	Hubei	7049351						7049351				
湖　南	Hunan	6549737						6435640	114097			
广　东	Guangdong	10622019							10622019			
广　西	Guangxi	4217050						81560	4135490			
海　南	Hainan	1120805							1120805			
重　庆	Chongqing	4066194						4066194				
四　川	Sichuan	6094087				2368		6091719				
贵　州	Guizhou	3365893						2537595	828298			
云　南	Yunnan	3878638						1950861	504561		1423216	
西　藏	Xizang	569388						1257			568131	
陕　西	Shaanxi	3823883				3210963		612920				
甘　肃	Gansu	2207458				1434232		189983				583243
青　海	Qinghai	626379				471802		15334				139243
宁　夏	Ningxia	820495				820495						
新　疆	Xinjiang	4411185										4411185

6-20 历年分隶属关系水利建设完成投资

Completed Investment for Water Project Construction by Ownership and Year

单位：万元 unit: 10^4 yuan

年份 Year	完成投资合计 Total Completed Investment	中央属 Central Government	省属 Provincial Governments	地市属 Prefectures and Cities	县属 Counties	其他 Others
2000	6129331	1385363	2465371	1187976	974035	116586
2001	5607065	1219487	2237784	1070939	976605	102250
2002	8192153	1250858	3454247	1818716	1668332	
2003	7434176	964952	3239531	1458719	1699661	71313
2004	7835450	1429738	2900010	1642748	1518628	343126
2005	7468483	1227628	2548527	1882009	1579786	230533
2006	7938444	1610784	2260775	2010232	1825458	231196
2007	9448538	1544575	2891368	2389052	2266202	357341
2008	10882012	1092053	3193009	2675569	3667281	254100
2009	18940321	2068697	4693782	4906296	7119662	151884
2010	23199265	4427984	5147607	4886393	8160858	576423
2011	30860284	5974864	5766091	5401723	13539071	178534
2012	39642358	6654250	7100709	6133605	19751460	2333
2013	37576331	4304507	7201760	5405134	20578714	86216
2014	40831354	1436675	8882262	5732513	24660484	119421
2015	54522165	1090890	12009713	8324721	32395780	701061
2016	60995861	887197	12969444	12188351	34425189	525681
2017	71323681	1126919	13904614	13437179	42827706	27262
2018	66025726	1165868	11024225	11898439	41856591	80602
2019	67117376	663557	10677876	14669016	41033646	73280
2020	81816711	485426	12382542	19189575	49696006	63162
2021	75759565	678056	11649800	15362502	48069207	
2022	108931954	1155248	13918428	20236796	73616821	4661
2023	119962355	1180660	12850437	23827090	82067954	36215
2024	135286445	979425	17616597	29730032	86960391	

6-21 2024年分隶属关系水利建设完成投资（按地区分）

Completed Investment for Water Project Construction by Ownership in 2024 (by Region)

单位：万元 unit: 10^4 yuan

地区	Region	完成投资 合计 Total Completed Investment	中央属 Central Government	省属 Provincial Governments	地市属 Prefectures and Cities	县属 Counties
合 计	**Total**	**135286445**	**979425**	**17616597**	**29730032**	**86960391**
北 京	Beijing	4194596	68337	1182623	2505873	437764
天 津	Tianjin	2090218	5863	1585477	309026	189852
河 北	Hebei	10225154	117321	868395	3622603	5616835
山 西	Shanxi	2331597	81659	288423	409861	1551653
内蒙古	Inner Mongolia	1837640	3604	671844	397942	764251
辽 宁	Liaoning	2581347		391168	471389	1718791
吉 林	Jilin	1864058	5690	306067	416791	1135510
黑龙江	Heilongjiang	2581475	4425	968585	36016	1572449
上 海	Shanghai	1608956	3392	910926	362239	332400
江 苏	Jiangsu	6270528	6177	649573	1788144	3826633
浙 江	Zhejiang	8310104	480	73229	1296452	6939942
安 徽	Anhui	6635487	8896	605122	1279797	4741671
福 建	Fujian	5823712		92524	1221537	4509651
江 西	Jiangxi	6428816	1190	351451	848348	5227828
山 东	Shandong	7247417	64640	67957	2185234	4929586
河 南	Henan	5832777	128454	477162	1183665	4043496
湖 北	Hubei	7049351	305314	565657	1257158	4921221
湖 南	Hunan	6549737	2752	597800	850319	5098866
广 东	Guangdong	10622019	6388	1378960	2896589	6340082
广 西	Guangxi	4217050	156665	569859	1301051	2189475
海 南	Hainan	1120805		407139	140767	572899
重 庆	Chongqing	4066194	1184	497673		3567337
四 川	Sichuan	6094087	838	797260	572661	4723329
贵 州	Guizhou	3365893		413733	492279	2459880
云 南	Yunnan	3878638	970	1254462	622235	2000970
西 藏	Xizang	569388		11081	230692	327614
陕 西	Shaanxi	3823883	2945	563242	1320609	1937086
甘 肃	Gansu	2207458	679	83492	331206	1792081
青 海	Qinghai	626379	1214	19183	117661	488322
宁 夏	Ningxia	820495	346	438152	66014	315983
新 疆	Xinjiang	4411185		528377	1195874	2686933

6-22 历年分规模水利建设完成投资

Completed Investment of Water Projects by Size of Water Project and Year

单位：万元　　　　unit: 10^4 yuan

年份 Year	完成投资 合计 Total Completed Investment	大中型 Large and Medium	小型 Small	其他 Others
2004	7835450	2259955	5365376	210120
2005	7468483	3263029	3766332	439121
2006	7938444	2961707	4451579	525158
2007	9448538	3183673	5485744	779121
2008	10882012	2539432	8179610	162970
2009	18940321	4502610	14205434	232277
2010	23199265	6878706	16093909	226650
2011	30860284	9452390	20863449	544445
2012	39642358	11694575	27575237	372546
2013	37576331	9059372	27632787	884172
2014	40831354	7085221	33088136	657997
2015	54522165	8599941	45402114	520110
2016	60995861	10800283	49719523	476055
2017	71323681	14304835	56350991	667854
2018	66025726	11835058	51689130	2501539
2019	67117376	10667722	55356816	1092839
2020	81816711	16354497	64421106	1041107
2021	75759565	16900457	57413278	1445830
2022	108931954	21565402	84233014	3133538
2023	119962355	29872405	86383139	3706812
2024	135286445	36090138	95998044	3198262

6-23 2024年分规模水利建设完成投资（按地区分）

Completed Investment of Water Projects by Size of Project in 2024(by Region)

单位：万元　　　　unit: 10^4 yuan

地区	Region	完成投资 合计 Total Completed Investment	大中型 Large and Medium	小型 Small	其他 Others
合　计	**Total**	**135286445**	**36090138**	**95998044**	**3198262**
北　京	Beijing	4194596	26982	4126344	41270
天　津	Tianjin	2090218	727357	1355096	7765
河　北	Hebei	10225154	2666424	7556519	2210
山　西	Shanxi	2331597	169892	2013978	147728
内蒙古	Inner Mongolia	1837640	912833	900597	24211
辽　宁	Liaoning	2581347	378359	2078065	124923
吉　林	Jilin	1864058	656847	1201973	5238
黑龙江	Heilongjiang	2581475	822095	1758954	427
上　海	Shanghai	1608956	749380	703306	156270
江　苏	Jiangsu	6270528	1968534	4193218	108776
浙　江	Zhejiang	8310104	3801610	4285989	222505
安　徽	Anhui	6635487	2041769	4586944	6774
福　建	Fujian	5823712	512609	5293967	17136
江　西	Jiangxi	6428816	872650	5426982	129184
山　东	Shandong	7247417	2686076	4188077	373264
河　南	Henan	5832777	1354511	4438592	39674
湖　北	Hubei	7049351	1324515	5688633	36203
湖　南	Hunan	6549737	1202033	5321334	26370
广　东	Guangdong	10622019	3317097	6190250	1114671
广　西	Guangxi	4217050	1363318	2843603	10129
海　南	Hainan	1120805	425323	683837	11645
重　庆	Chongqing	4066194	784258	3210810	71126
四　川	Sichuan	6094087	1825021	4170035	99032
贵　州	Guizhou	3365893	366652	2999131	110
云　南	Yunnan	3878638	2008870	1639680	230087
西　藏	Xizang	569388	215882	352891	615
陕　西	Shaanxi	3823883	1189731	2530298	103854
甘　肃	Gansu	2207458	253543	1953059	855
青　海	Qinghai	626379	23556	602824	
宁　夏	Ningxia	820495	400234	416970	3291
新　疆	Xinjiang	4411185	1042178	3286089	82917

6-24 历年分构成水利建设完成投资

Completed Investment of Water Projects by Year and Composition of Funds

单位：万元　　unit: 10^4 yuan

年份 Year	完成投资合计 Total Completed Investment	建筑工程 Construction Project	安装工程 Installation	设备工器具购置 Procurement of Machinery and Equipment	其他 Others
2004	7835450	5526833	276530	436531	1595556
2005	7468483	5306556	269855	398472	1493600
2006	7938444	5837364	318550	384313	1398217
2007	9448538	6725242	465282	568467	1689547
2008	10882012	7815009	674188	599969	1792847
2009	18940321	12972462	1133765	1250000	3584094
2010	23199265	15248673	1096243	1245116	5609232
2011	30860284	21032078	1216941	1152076	7459189
2012	39642358	27364953	2377877	1781362	8118166
2013	37576331	27828417	1735750	1610647	6401516
2014	40831354	30863756	1850155	2061439	6056004
2015	54522165	41508222	2287941	1987101	8738901
2016	60995861	44220022	2544739	1728498	12502603
2017	71323681	50696887	2658070	2117097	15851627
2018	66025726	48772479	2808603	2143718	12300927
2019	67117376	49878904	2430564	2210504	12597405
2020	81816711	60148986	3196508	2500343	15970874
2021	75759565	58512560	3300614	2036241	11910150
2022	108931954	84916860	4860108	2865836	16289149
2023	119962355	90885512	5826050	3211558	20039235
2024	135286445	98404172	5576886	4450094	26855293

6-25　2024年分构成水利建设完成投资（按地区分）

Completed Investment of Water Projects by Composition of Funds in 2024 (by Region)

单位：万元　　　　unit: 10^4 yuan

地区	Region	完成投资 合计 Total Completed Investment	建筑工程 Construction Project	安装工程 Installation	设备工器具购置 Procurement of Machinery and Equipment	其他 Others
合　计	**Total**	**135286445**	**98404172**	**5576886**	**4450094**	**26855293**
北　京	Beijing	4194596	2409094	4573	19686	1761243
天　津	Tianjin	2090218	1165721	31049	41534	851915
河　北	Hebei	10225154	6068372	353052	198258	3605472
山　西	Shanxi	2331597	1765991	97734	106010	361862
内蒙古	Inner Mongolia	1837640	1380178	68807	105601	283055
辽　宁	Liaoning	2581347	2017414	111272	107585	345076
吉　林	Jilin	1864058	1520641	43686	38982	260748
黑龙江	Heilongjiang	2581475	1631957	36596	22774	890148
上　海	Shanghai	1608956	1139819	4905	4285	459947
江　苏	Jiangsu	6270528	4435411	174039	113838	1547240
浙　江	Zhejiang	8310104	5921340	173156	95427	2120182
安　徽	Anhui	6635487	5144253	234457	237066	1019711
福　建	Fujian	5823712	4488290	179532	149968	1005921
江　西	Jiangxi	6428816	5360006	377303	274475	417033
山　东	Shandong	7247417	4765161	599152	314691	1568413
河　南	Henan	5832777	4099775	184291	152754	1395957
湖　北	Hubei	7049351	5873534	351970	481022	342825
湖　南	Hunan	6549737	4782637	521971	355935	889194
广　东	Guangdong	10622019	8993527	217226	213225	1198041
广　西	Guangxi	4217050	3053994	226251	143705	793099
海　南	Hainan	1120805	881862	34978	11859	192106
重　庆	Chongqing	4066194	2617645	197608	142755	1108186
四　川	Sichuan	6094087	4516888	441729	336966	798505
贵　州	Guizhou	3365893	2395296	219382	75806	675409
云　南	Yunnan	3878638	2904404	127665	50548	796022
西　藏	Xizang	569388	428030	23470	10890	106998
陕　西	Shaanxi	3823883	2386036	86016	147509	1204322
甘　肃	Gansu	2207458	1865939	106312	74216	160991
青　海	Qinghai	626379	531134	41127	18867	35251
宁　夏	Ningxia	820495	629515	51768	43749	95463
新　疆	Xinjiang	4411185	3230309	255807	360107	564962

6-26 历年水利建设当年完成工程量

Completed Working Load by Year

单位：万立方米 unit: 10^4m^3

年份 Year	土方 Earth	石方 Rock	混凝土 Concrete
1963	27438	1679	104
1964	37869	2270	145
1965	64193	2881	186
1971	51085	1478	143
1972	125853	11652	370
1973	111397	13464	469
1974	115695	10671	417
1975	125712	13821	502
1976	163160	26423	712
1977	139104	15147	638
1978	139800	19600	808
1979	206100	16300	746
1980	55000	5400	506
1981	20800	2500	231
1982	19500	2100	245
1983	24300	2000	283
1984	26500	2300	268
1985	25200	2000	244
1986	24100	2000	225
1987	31000	2600	276
1988	29300	2300	298
1989	31650	2886	328
1990	33209	2712	437
1991	40143	3124	512
1992	54862	5054	583
1993	46099	5710	630
1994	41177	5127	707
1995	34955	6126	824
1996	34883	7865	807
1997	42755	5630	988
1998	101393	15023	1322
1999	104684	14022	1613
2000	129432	14456	2084
2001	92777	14716	1855
2002	139036	18178	2581
2003	94079	14677	2710
2004	132007	24057	2514
2005	138665	20718	2168
2006	201603	39847	1971
2007	140567	25099	2050
2008	170705	26686	2651
2009	198846	25333	4641
2010	226128	30505	4660
2011	282247	26001	6228
2012	343715	47404	7447
2013	359956	53854	7030
2014	308992	59370	6932
2015	376411	59603	8181
2016	398386	70072	8671
2017	351660	55394	9454
2018	343669	44508	9340
2019	299050	38926	14811
2020	336534	31232	14141
2021	268034	37566	24033
2022	349988	54939	28097
2023	365903	61109	44925
2024	353786	52310	50388

6-27　2024年水利建设当年完成工程量（按地区分）

Completed Working Load in 2024 (by Region)

单位：万立方米　　　　unit: 10^4m^3

地区	Region	当年计划 Planned of the Present Year			当年完成 Completed of the Present Year		
		土方 Earth	石方 Rock	混凝土 Concrete	土方 Earth	石方 Rock	混凝土 Concrete
合　计	**Total**	**357957**	**53001**	**53851**	**353786**	**52310**	**50388**
北　京	Beijing	5299	643	491	5057	1069	461
天　津	Tianjin	3633	236	152	3214	225	142
河　北	Hebei	23319	1666	2347	21400	1818	1684
山　西	Shanxi	7862	1113	2738	7859	1306	2780
内蒙古	Inner Mongolia	10936	1088	1172	10855	1071	1166
辽　宁	Liaoning	10368	2093	437	10420	2079	400
吉　林	Jilin	7271	1200	1347	8018	1201	1355
黑龙江	Heilongjiang	8718	1717	1019	8834	1753	727
上　海	Shanghai	1607	48	176	1624	48	177
江　苏	Jiangsu	20905	830	760	20481	805	740
浙　江	Zhejiang	9833	2972	1688	9000	2814	1639
安　徽	Anhui	19906	1433	4980	19469	1428	3626
福　建	Fujian	3335	895	1277	3276	894	1268
江　西	Jiangxi	19393	3635	3930	19418	3661	3876
山　东	Shandong	23927	1065	3667	23707	1063	3657
河　南	Henan	21100	2201	6367	21351	2144	6328
湖　北	Hubei	9889	1791	1686	9125	1848	1621
湖　南	Hunan	16398	3121	2444	16256	3120	2438
广　东	Guangdong	8541	1475	2184	7967	1371	1151
广　西	Guangxi	4314	894	1012	4189	845	1011
海　南	Hainan	3391	258	181	3349	245	179
重　庆	Chongqing	5774	2584	1288	5714	2514	1215
四　川	Sichuan	11456	4121	4925	11159	4000	4937
贵　州	Guizhou	3353	1993	970	3385	1973	957
云　南	Yunnan	7240	2635	1546	7409	2594	1721
西　藏	Xizang	960	1365	150	929	1351	146
陕　西	Shaanxi	15968	2521	1371	16353	2083	1400
甘　肃	Gansu	22085	2135	1013	22012	2123	1089
青　海	Qinghai	2896	669	408	2706	655	406
宁　夏	Ningxia	15847	607	431	15494	594	433
新　疆	Xinjiang	32432	3997	1695	33754	3613	1657

6-28 历年水利建

Newly-increased Benefits of Water

年份 Year	水库总库容 /亿立方米 Total Storage Capacity of Reservoirs /10^8m^3	耕地灌溉面积 /千公顷 Irrigated Area of Cultivated Land /10^3hm^2	除涝面积 /千公顷 Drained Area /10^3hm^2	发电装机容量 /千千瓦 Installed Capacity for Power Generation /10^3kW	排灌装机容量 /千千瓦 Installed Capacity of Irrigation and Drainage Works /10^3kW
1993	11.48	78.48	133.89	182.50	42.90
1994	7.61	94.09	77.23	392.90	23.80
1995	42.23	174.89	28.30	388.20	66.80
1996	14.95	158.03	29.43	355.30	90.60
1997	11.86	94.61	89.65	719.80	28.10
1998	28.15	187.01	57.67	749.00	102.3
1999	46.61	198.23	42.83	885.60	19.40
2000	183.62	126.86	49.69	2139.10	21.90
2001	31.96	191.41	28.51	1317.40	34.80
2002	29.19	156.47	171.29	543.10	89.20
2003	5.83	146.99	11.67	368.60	544.00
2004	12.86	252.11	71.99	725.80	20.80
2005	112.64	98.65	74.62	794.40	47.30
2006	267.39	139.45	55.46	1146.16	28.46
2007	55.71	314.09	206.89	754.18	59.78
2008	44.37	275.44	223.66	701.04	79.39
2009	50.96	550.52	286.11	912.68	89.77
2010	32.88	355.59	441.76	905.81	102.38
2011	48.54	470.26	284.13	566.30	1034.99
2012	26.81	466.63	96.97	988.60	168.06
2013	19.08	382.06	189.45	1903.28	128.31
2014	30.38	300.27	255.01	1846.76	261.45
2015	26.26	702.44	244.13	1534.06	133.94
2016	84.79	754.54	306.09	1558.56	228.75
2017	29.44	544.17	230.37	2295.73	416.21
2018	50.68	814.32	541.51	3207.81	252.15
2019	29.26	995.07	391.40	900.96	293.06
2020	44.55	474.10	287.13	674.85	246.28
2021	111.64	537.46	308.67	1437.24	458.47
2022	44.72	475.87	719.03	1995.18	1093.23
2023	73.03	944.93	704.26	1066.42	819.64
2024	26.71	1131.92	938.65	855.87	1488.36

设新增效益

Projects Construction by Year

供水能力 /万吨每日 Capacity of Water Supply /(10^4t/d)	改善灌溉面积 /千公顷 Improved Irrigated Area /10^3hm^2	改善除涝面积 /千公顷 Drained Area /10^3hm^2	新建及加固堤防 /千米 Newly-built & Strengthened Embankment /km	水保治理面积 /千公顷 Recovered Area from Soil Erosion /10^3hm^2
	219.92	419.77		
	187.43	86.12		
450.44				
145.12				
456.57	251.04	309.10		
82.84	330.28	161.89		
529.80	283.51	140.24		
2939.65	839.09	1279.70		
281.64	956.97	163.28	4545.91	1699.45
871.31	1484.52	529.17	5772.04	1118.41
530.81	927.62	463.75	2693.61	1011.98
398.36	1232.00	494.73	2918.24	1681.30
349.78	467.11	129.29	2246.61	1717.64
488.23	889.95	284.08	2726.91	635.29
333.69	1121.20	383.39	2370.23	517.35
740.58	1055.83	1015.16	1968.95	1261.41
509.43	1845.54	449.49	2385.49	2090.95
876.18	2230.19	477.20	3651.83	1041.65
985.68	2061.10	1339.87	6900.63	2353.30
819.56	3062.53	531.06	8265.39	1911.46
934.66	2731.24	363.50	7441.02	1268.57
778.88	7371.00	2452.01	13678.22	2714.90
3190.13	3240.24	594.20	5824.10	2011.16
1999.21	4505.97	996.96	8907.63	2346.34
1991.52	4914.00	1634.68	13678.22	1809.94
2844.34	7633.31	2767.23	11456.37	3487.43
2753.51	6195.17	1873.50	9317.64	3765.58
3116.77	5724.90	1334.87	10453.10	1937.57
4346.49	5375.81	1814.55	9645.24	2122.62
5372.15	6396.14	2349.73	11134.26	2206.84
5099.02	10830.16	2961.93	12127.73	3333.97

6-29 2024 年水利建设

Newly-increased Benefits of Water

地区	Region	水库总库容 /亿立方米 Total Storage Capacity of Reservoirs /10^8m^3	耕地灌溉面积 /千公顷 Irrigated Area of Cultivated Land /10^3hm^2	除涝面积 /千公顷 Drained Area /10^3hm^2	发电装机容量 /千千瓦 Installed Capacity for Power Generation /10^3kW	排灌装机容量 /千千瓦 Installed Capacity of Irrigation and Drainage Works /10^3kW
合 计	**Total**	**26.71**	**1131.92**	**938.65**	**855.87**	**1488.36**
北 京	Beijing	0.50				
天 津	Tianjin		0.13	5.02	0.05	6.90
河 北	Hebei	0.05	72.88	5.93	7.50	
山 西	Shanxi	1.01	11.38	0.01		360.00
内蒙古	Inner Mongolia		4.81	24.67	36.00	
辽 宁	Liaoning	0.36	0.13	150.04	1.20	
吉 林	Jilin	6.17	4.14	26.35		
黑龙江	Heilongjiang		11.39	2.15		1.80
上 海	Shanghai			1.74		
江 苏	Jiangsu		15.14	14.14	0.48	14.34
浙 江	Zhejiang	0.82	20.94	52.87	25.43	13.79
安 徽	Anhui	0.17	47.87	58.56		100.56
福 建	Fujian	1.16	8.65	8.07	0.10	0.65
江 西	Jiangxi	1.45	186.91	151.21	74.57	33.33
山 东	Shandong	0.25	25.31	160.81	1.37	0.29
河 南	Henan	0.08	45.41	4.07		8.40
湖 北	Hubei	1.43	32.37	40.24	4.86	16.95
湖 南	Hunan	2.99	262.54	172.75	583.59	172.11
广 东	Guangdong	0.09	11.73	27.55	7.16	753.67
广 西	Guangxi	0.02	25.17	0.82		
海 南	Hainan					
重 庆	Chongqing	0.29	9.29	2.39	3.50	0.98
四 川	Sichuan	1.09	39.24	1.23	10.00	1.24
贵 州	Guizhou	1.58	35.70	1.51	18.00	
云 南	Yunnan	0.46	6.72	0.23		0.01
西 藏	Xizang	0.33	10.04	2.02		
陕 西	Shaanxi	1.01	9.12	24.27	0.33	
甘 肃	Gansu	0.02	3.06			
青 海	Qinghai	3.14	0.18			
宁 夏	Ningxia	0.13	4.29			
新 疆	Xinjiang	2.12	227.38		81.75	3.35

新增效益（按地区分）

Projects Construction in 2024 (by Region)

供水能力 /万吨每日 Capacity of Water Supply /(10^4t/d)	改善灌溉面积 /千公顷 Improved Irrigated Area /10^3hm^2	改善除涝面积 /千公顷 Drained Area /10^3hm^2	新建及加固堤防 /千米 Newly-built & Strengthened Embankment /km	水保治理面积 /千公顷 Recovered Area from Soil Erosion /10^3hm^2
5099.02	**10830.16**	**2961.93**	**12127.73**	**3333.97**
23.74			166.42	3.35
94.87	40.12	111.75	278.77	0.47
21.69	225.01	8.37	449.74	47.09
120.45	68.30	0.04	295.25	146.36
51.35	757.33	0.01	83.08	225.82
64.24	98.02	211.24	952.27	70.48
2.88	116.92	115.93	166.92	192.72
0.82	44.47	77.93	122.06	176.85
		0.001	79.19	
117.74	330.95	428.69	430.23	26.28
212.92	68.15	101.69	504.33	56.64
416.24	624.39	383.72	416.07	42.64
79.37	38.35	7.57	183.53	86.45
233.48	870.80	56.81	708.28	88.57
225.56	1162.22	165.07	172.35	75.92
123.44	907.16	537.56	293.74	58.53
48.10	194.17	349.82	184.05	92.23
1352.47	848.44	321.80	602.12	30.78
683.59	116.72	46.51	225.68	48.75
99.44	113.99	3.65	9.89	535.26
3.51	35.49		18.20	0.78
78.69	131.02	2.05	472.63	104.97
111.20	750.93	14.15	682.11	132.12
236.13	185.62	2.29	1483.94	123.14
146.20	94.40	3.46	822.33	88.00
1.65	13.89	2.69	278.27	8.11
291.40	210.96	8.53	345.27	419.42
20.30	223.20		1024.73	134.73
6.46	180.56	0.09	181.67	20.27
36.43	316.99	0.51	80.47	240.16
194.67	2061.57		414.14	57.07

6-30 历年国家重大水利工程（三峡后续工作）建设基金计划投资

Planned Investment of the Construction Fund for National Major Water Resources Projects (the Follow-up Work of the Three Gorges Project) by Year

单位：万元 unit: 10^4 yuan

年份 Year	计划投资 Planned Investment	年份 Year	计划投资 Planned Investment
2011	382643	2019	618500
2012	670387	2020	836477
2013	945500	2021	1130608
2014	664859	2022	1025335
2015	1108150	2023	1106903
2016	888583	2024	1149739
2017	1076357	**合计 Total**	**12101557**
2018	497516		

6-31 2024 年国家重大水利工程（三峡后续工作）建设基金计划投资和完成投资（按项目类型分）

Planned and Completed Investments of the Construction Fund for National Major Water Resources Projects (the Follow-up Work of the Three Gorges Project) in 2024 (by Type)

单位：万元 unit: 10^4 yuan

项目类型	Type of Project	计划投资 Planned Investment	完成投资 Completed Investment
合　计	**Total**	**1149739**	**1067414**
1. 移民安稳致富和促进库区经济社会发展	Projects to ensure wealth of resettlement population and promote economic and social development in the reservoir area	118439	92713
2. 库区生态环境建设与保护	Projects for ecological environment restoration and protection	268981	324891
3. 库区地质灾害防治	Projects for geological hazard prevention and control	240557	161506
4. 三峡工程运行对长江中下游重点影响区的影响处理	Projects to reduce impact of operation of the Three Gorges Reservoir on the key affected areas in the middle and lower reaches of the Yangtze River	96191	165482
5. 三峡工程综合管理能力建设和综合效益拓展研究	Projects of capacity building for comprehensive management and benefit boosting	107412	72257
6. 其他	Others	318159	250565

6-32 2024 年国家重大水利工程（三峡后续工作）建设基金计划投资和完成投资（按地区和部门分）

Planned and Completed Investments of the Construction Fund for National Major Water Resources Projects (the Follow-up Work of the Three Gorges Project) in 2024 (by Region and Department)

单位：万元 unit: 10^4 yuan

地区/部门	Region / Department	计划投资 Planned Investment	完成投资 Completed Investment
合　计	**Total**	**1149739**	**1067414**
重　庆	Chongqing	784239	724405
湖　北	Hubei	222276	213392
上　海	Shanghai	1791	1791
江　苏	Jiangsu	3274	3066
浙　江	Zhejiang	3250	3093
安　徽	Anhui	2983	2938
福　建	Fujian	2235	1964
江　西	Jiangxi	42240	38816
山　东	Shandong	3487	3276
湖　南	Hunan	35264	33296
广　东	Guangdong	3105	2455
四　川	Sichuan	3781	3546
水利部	Ministry of Water Resources of the People's Republic of China	22328	22228
交通运输部	Ministry of Transport of the People's Republic of China	12275	9353
自然资源部	Ministry of Natural Resources of the People's Republic of China	1070	854
中船集团	China State Shipbuilding Corporation	3348	2771
中国兵器	China North Industries Group Corporation Limited	2793	1960

主要统计指标解释

水利建设投资 指水利系统固定资产投资。主要包括水利系统基本建设投资、部分更新改造投资等，防洪岁修、小农水等财政投资未包括在内。

建设项目 指按照总体设计进行施工，由一个或若干个具有内在联系的工程组成的总体。基本建设项目指经批准在一个总体设计或初步设计范围内进行建设，经济上实行统一核算，行政上有独立的组织形式，实行统一管理的基本建设单位。

基本建设项目按规模分为大中型项目和小型项目，水利上基本建设项目大中型项目划分标准是：①水库，库容 1 亿立方米以上（包括 1 亿立方米，下同）；②灌溉面积，灌溉面积 50 万亩以上；③水电工程，发电装机 5 万千瓦以上；④其他水利工程，除国家指定外均不作为大中型项目。

隶属关系 基本建设项目按建设单位直属或主管上级机关确定。

隶属关系分为中央、省（自治区、直辖市）、地区（州、盟、省辖市）、县（旗、县级市、市辖区）和其他五大类。

（1）中央：指中共中央、人大常委会和国务院各部、委、局、总公司以及直属机构直接领导和管理的基本建设项目和企业、事业、行政单位。这些单位的固定资产投资计划由国务院各部门直接编制和下达，建设中所需要的统配物资和主要设备以及建设中的问题都由中央有关部门安排和解决。

（2）省（自治区、直辖市）：由省（自治区、直辖市）政府及业务主管部门直接领导和管理的基本建设项目和企业、事业、行政单位。

（3）地区（州、盟、省辖市）：由地区、自治州、盟、省辖市直接领导和管理的基本建设项目和企业、事业、行政单位。

（4）县（旗、县级市、市辖区）：由县、自治旗、县级市、市辖区直接领导和管理的基本建设项目和企业、事业、行政单位。

（5）其他：不隶属以上各级政府及主管部门的建设项目和企业、事业单位，如外商投资企业和无主管部门的企业等。

Explanatory Notes of Main Statistical Indicators

Investment for water project construction Investment of fixed assets in the water sector, which mainly refers to the investment of basic water infrastructures and some rehabilitation projects, but excludes annual maintenance of flood control works and financial allocation to small irrigation, drainage and rural water supply schemes.

Construction project A project, enclosing one or more interdependent components, is implemented in accordance with overall design. Capital construction project refers to the approved scheme constructed according to overall design or within the scope of preliminary design, which is under one accounting system and unified management, and has an independent organization.

Capital construction project can be divided into large or medium project and small project according to its scale. The criteria of identifying large and medium water projects are: ① reservoir, installed capacity is over 100 million m^3 (including 100 million m^3, hereinafter the same); ② irrigated area, irrigated area is over 500 thousand mu; ③ hydropower project, installed capacity is over 50,000 kW; ④ other water projects, specially designated by the state.

Administrative subordination of project Capital construction project is divided into groups according to the administrative region of the organization in charge of the project.

Five categories are formed on the basis of administrative regions of the project: Central Government, province (autonomous region, municipality directly under the central government), prefecture (autonomous district, municipality directly under the provincial government), county (autonomous county, county-level municipality) and others.

(1) Central Government project: It refers to capital construction project, enterprise, non-governmental agency or governmental agency directly under administration or management of the Central Committee of Chinese Communist Party, Standing Committee of Chinese People's Congress, or ministries, commissions, bureaus under the State Council and parent companies. The investment plan of fixed assets of these entities are directly worked out and transmitted by the relevant departments under the State Council; allocated materials or equipment for construction are arranged by the relevant Central Government departments.

(2) Province (autonomous region, municipality directly under the central government) project: It refers to capital construction project, enterprise, non-governmental agency or governmental agency directly under administration and management of provincial governments (autonomous region, municipality directly under the central government) or competent department directly in charge.

(3) Prefecture (autonomous district, municipality directly under the provincial government) project: It refers to capital construction project, enterprise, non-governmental agency or governmental agency directly under administration and management of government of prefecture, autonomous district or municipality directly under the provincial government.

(4) County (autonomous county, county-level municipality) project: It refers to capital construction project, enterprise, non-governmental agency or governmental angecy directly under administration and management of government of county, autonomous county or county-level city.

(5) Others: It refers to capital construction project, enterprise, non-governmental agency or governmental agency outside the scope of administration and management of government agencies mentioned above, such as foreign investment enterprise or enterprise without supervised agency.

7 小水电

Small Hydropower

简要说明

小水电统计资料主要包括小水电站和设备建设情况、水力发电设备容量和发电容量、输变配电设备情况等。主要按地区分组汇总。

自2008年起小水电电站由以往水利系统水电变更为装机5万千瓦及5万千瓦以下水电。

2008年以前水利系统水电统计包括水利系统综合利用枢纽电站数据等。

2016年始，由于报表制度调整，小水电电网供电和小水电的县通电情况等不纳入统计；2018年始，不再统计年末输变配电设备。2024年始，不再统计年末发电量。

Brief Introduction

Statistical data of Small Hydropower development mainly includes construction of small hydropower stations and utilities, installed capacity and output of hydropower generating units, electricity transmission and distribution facilities, etc. The data is divided into groups according to the region.

The data of Small Hydropower development is collected on the basis of installed capacity of hydropower at 50,000 kW and below 50,000 kW since 2008.

The data collected before 2008 includes multi-purpose dam projects.

Electricity supply of rural power network and counties with electricity generated by hydropower has not been included in the statistics since 2016. Installed power transmission and distribution equipment at the end of the year has not been included in the statistics since 2018. The year-end power generation has not been included in the statistics since 2024.

7-1 历年小水电装机容量及年发电量

Installed Capacity and Power Generation of Small Hydropower by Year

年份 Year	小水电装机容量 /千瓦 Installed Capacity of Small Hydropower /kW	小水电年发电量 /万千瓦时 Annual Electricity Generation of Small Hydropower /10^4 kWh
2004	34661348	9779541
2005	38534445	12090340
2006	43183551	13612942
2007	47388997	14370080
2008	51274371	16275901
2009	55121211	15672470
2010	59240191	20444258
2011	62123430	17566867
2012	65686071	21729246
2013	71186268	22327711
2014	73221047	22814929
2015	75829591	23512813
2016	77910629	26821937
2017	79269995	24772495
2018	80435263	23456083
2019	81441588	25331502
2020	81338072	24236893
2021	82903194	22411119
2022	80632767	23600340
2023	81570121	23029883
2024	82055823	

注　2013 年小水电统计数据与全国第一次水利普查数据进行了校核。2023 年后，小水电年发电量数据不再统计。

Note　Statistical data of Small Hydropower in 2013 is checked in accordance with the First National Census on Water. The annual electricity generation of small hydropower will no longer be counted after 2023.

7-2　2024 年小水电装机容量及数量（按地区分）

Number and Installed Capacity of Small Hydropower in 2024 (by Region)

地区	Region	小水电装机容量 /千瓦 Installed Capacity of Small Hydropower /kW	小水电站 /处 Number of Rural Hydropower Station /unit
合　计	**Total**	**82055823**	**40575**
北　京	Beijing	35090	6
天　津	Tianjin	5800	1
河　北	Hebei	376167	210
山　西	Shanxi	213035	120
内蒙古	Inner Mongolia	106745	35
辽　宁	Liaoning	469950	159
吉　林	Jilin	637591	262
黑龙江	Heilongjiang	396760	80
江　苏	Jiangsu	52300	34
浙　江	Zhejiang	4182541	2813
安　徽	Anhui	1164269	743
福　建	Fujian	7319479	5064
江　西	Jiangxi	3528895	3664
山　东	Shandong	66792	49
河　南	Henan	405072	293
湖　北	Hubei	3646674	1551
湖　南	Hunan	6307341	4231
广　东	Guangdong	7837844	9208
广　西	Guangxi	4618040	2163
海　南	Hainan	439525	282
重　庆	Chongqing	3086018	1448
四　川	Sichuan	12529656	3330
贵　州	Guizhou	3757999	1154
云　南	Yunnan	12591162	1836
西　藏	Xizang	273780	345
陕　西	Shaanxi	1417795	322
甘　肃	Gansu	2969046	595
青　海	Qinghai	970030	188
宁　夏	Ningxia	4000	1
新　疆	Xinjiang	2076973	295
新疆生产建设兵团	Xinjiang Production and Construction Corps	447354	89
部直属	Organization Directly under the Ministry	122100	4

主要统计指标解释

小水电　以小水电站为主体，直接为农村经济社会发展服务的水电站及供电网络。

发电量　电厂（发电机组）在报告期内生产的电能量。

Explanatory Notes of Main Statistical Indicators

Small Hydropower　It refers to hydropower stations and power supply networks that directly serve for social and economic development in rural areas and most of which are small hydropower stations.

Power generation　Electricity produced by power plants (electricity generating units) in the report period.

8 水文站网

Hydrological Network

简 要 说 明

水文站网主要按水文测站类别、监测方式、观测项目类别分类分别统计水文站、水位站、雨量站、地下水站、水质站、墒情站等水文测站的情况，以及从业人员和经费等。

本部分资料按流域所属机构和地区分组。历史资料汇总 1949 年至今数据。

1. 水文测站类别包括水文站、水位站、雨量站、蒸发站、地下水站、水质站、墒情站、实验站。

2. 监测方式包括驻测、巡测、巡驻结合、间测、人工观测/监测、自动监测、委托观测等。

3. 观测项目类别包括流量、水位、泥沙、降水量、蒸发、比降、冰情、水温、地下水、地表水水质、水生态、墒情、水文调查、辅助气象等。

Brief Introduction

Hydrological network is classified according to the types of hydrological measurement stations, monitoring methods and measuring items, and is used to collect data of hydrological stations, gauging stations, precipitation stations, groundwater monitoring stations, water quality stations and moisture stations, as well as working staff and expenses.

The data is divided into several groups based on organization and region where river basin is located. Historical data is collected from 1949 to present.

1. The types of hydrological measurement stations include hydrological station, gauging station, precipitation station, evaporation station, groundwater monitoring station, water quality station, moisture station, experiment station.

2. Monitoring methods include perennial stationary gauging, tour gauging, stationary and mobile gauging, interval gauging, manual observation/monitoring, automatic gauging and contract gauging.

3. Measuring items include flow, water level, sediment, precipitation, evaporation, gradient, ice condition, water temperature, groundwater, surface water quality, water ecology, moisture, hydrologic investigation, auxiliary meteorology and so on.

8-1　历年水文站网、职工人数和经费

Hydrological Network, Employees and Expenses by Year

年份 Year	水文站网/处 Hydrological Network/unit								报汛站/处	职工人数/人	经费/万元 Expenses/10^4 yuan	
	流量站 Hydrological Station	水位站 Gauging Station	降水量站 Precipitation Station	水面蒸发站 Evaporation Station	墒情站 Soil Moisture Station	地下水监测站 Groundwater Monitoring Station	水质站 Water Quality Station	实验站 Experiment Station	Hydrometric Station /unit	Number of Employee /person	事业费 Operating Expenses	基建费 Cost of Construction
1949	148	203	2							756	1.9	
1950	419	425	234					1	386	1892	68.9	
1951	796	701	1145					8	685	4208	388.7	
1952	933	831	1554					3	875	5811	550.7	
1953	1059	1006	1754					8	1173	7292	813.8	
1954	1229	1132	1973					9	1652	8589	1134.5	
1955	1396	1205	2337					11	1962	10312	1581.1	
1956	1769	1449	3371					24	2251	13952	2156.8	
1957	2023	1500	3695					41	2778	14167	2304.8	
1958	2766	1308	5494					132	3548	13806	2174.6	
1959	2995	1338	5487					282	4922	16861	2322.5	
1960	3611	1404	5684					318	6013	16867	2470.3	
1961	3402	1252	5587					149	5102	17266	1740.1	
1962	2842	1199	5980					104	5049	15524	1909.4	
1963	2664	1096	6178					96	5051	16862	1881.0	
1964	2692	1116	7252					90	5058	19424	2064.7	
1965	2751	1129	7909					88		19520	2022.0	
1966	2883	1155	10280					49	4838	18369	3174.8	470.4
1967	2681	1127	9477					82	6133	18272	2881.5	269.0
1968	2559	1048	9500					67	5403	18405	2638.3	221.7
1969	2579	1101	10173					32	5390	17661	2846.8	194.9
1970	2663	1144	10154					37	5501	16866	2874.0	229.7
1971	2727	1191	10486					38	6294	17038	2837.7	343.8
1972	2674	1071	10356					62	5576	17516	3200.0	443.1
1973	2690	1329	10447			1322	134	52	6629	17902	2824.2	671.5
1974	2778	1349	11416			3702	80	31	6110	18170	2886.0	812.3
1975	2840	1196	10738			7681	520	24	6949	19180	3193.9	869.3
1976	2882	1336	11855			6858	663	29	8563	19981	3432.3	1215.0
1977	2917	1326	12817				609	26	8369	20886	3661.5	1118.5
1978	2922	1320	13309			11326	758	33	9010	21571	4293.7	1413.4
1979	3034	1202	14424			12992	681	45	8265	22856	7432.3	1889.1

注　1. 表中 1949—1965 年经费统计为事业费和基建费之和。

2. 1958—1964 年实验站数的统计中均包括了部分径流站。

3. 1960 年水文站数为年报统计数，偏大。经查核，水文年鉴刊布有流量资料的为 3365 站，年报数仅供参考。

4. 1957—1965 年水文站网数中包括水利（电）勘测部门的站。

5. 1959—1965 年水文职工数中包括水利（电）勘测部门的水文工作人员。

6. 水文站数据含外部门管理的处数。

Notes　1. No separate statistical data of operating expenses and cost of construction are given for the data during 1949-1965.

2. The statistics of experiment stations during 1958-1964 includes only some runoff stations.

3. The number of hydrological stations in 1960 is estimated based on the Annual Report. After recheck, the stations with runoff data in the Hydrology Year book are 3,365 and the data of Annual Report is for reference only.

4. Observation stations during 1957-1965 include stations under water (power) reconnaissance and design institutions.

5. Employees of hydrological stations during 1959-1965 include hydrological engineers and workers in water (power) reconnaissance and design institutions.

6. Hydrological stations include those under the management of others despite of water department.

8-1 续表 continued

年份 Year	水文站网/处 Hydrological Network/unit								报汛站/处 Hydrometric Station /unit	职工人数/人 Number of Employee /person	经费/万元 Expenses/10^4 yuan	
	流量站 Hydrological Station	水位站 Gauging Station	降水量站 Precipitation Station	水面蒸发站 Evaporation Station	墒情站 Soil Moisture Station	地下水监测站 Groundwater Monitoring Station	水质站 Water Quality Station	实验站 Experiment Station			事业费 Operating Expenses	基建费 Cost of Construction
1980	3294	1320	15732			16112	747	53	8731	24374	7562.1	1701.7
1981	3341	1317	15969			13343	848	57	8646	26240	7805.1	1085.2
1982	3401	1373	16437				1209	60	8369	27076	8182.9	1374.2
1983	3418	1413	16545			12487	1024	60	8401	27744	8621.0	1677.7
1984	3396	1425	16734			12134	977	63	8418	28316	9942.0	1669.0
1985	3384	1420	16406			12188	1011	63	8381	28426	10910.9	1959.9
1986	3400	1380	16697			11893	1648	58	8583	28549	12581.9	2405.7
1987	3397	1316	16448			11880	1946	56	8539	28793	12863.8	2447.5
1988	3450	1263	16273			13948	1846	64	8843	28516	14201.0	2715.3
1989	3269	1258	15605					58	8617	28257	15583.4	2645.6
1990	3265	1178	15602				2052	61	8604	28065	17233.2	4189.7
1991	3238	1201	15356			13523	2113	60	8482	28211	21285.0	5378.4
1992	3172	1149	15368			11400	2327	56	8525	28202	22725.8	6476.0
1993	3099	1156	15505					48	7485	27439	23981.0	6469.3
1994	3090	1148	14202			11807	1944	66	7423	27278	34160.9	7729.7
1995	3039	1158	14613			11518	1839	69	7165	26404	35347.0	11312.0
1996	3006	1107	14158			11179	2401	61	6987	26555	36321.0	12744.7
1997	3040	1093	14191			10874	2572	128	7296	26118	40386.3	14049.7
1998	3683	1084	13910			11509	2694	129	7484	25929	64311.5	15372.1
1999	3657	1079	13855			11528	2753	125	7584	25238	63628.5	15115.7
2000	3124	1093	14242			11768	2861	81	7559	25146	78514.3	24346.4
2001	3146	1084	14337			11786	3025	75	7716	25180	90125.6	30209.0
2002	3130	1073	14454			11620	3228	74	7893	25436	114414.0	31307.0
2003	3158	1135	14196			12116	3695	80	7648	25640	139392.0	26230.0
2004	3182	1134	14108			11757	3946	70	7595	25906	133830.0	31515.0
2005	3191	1160	14373			12313	4557	69	7815	26133	152446.0	22673.0
2006	3183	1180	13866	13		12598	5140	78	8220	26654	170812.0	45421.0
2007	3162	1221	14211	17		12551	5468	90	8561	26237	199286.0	43031.0
2008	3171	1244	14602	17		12683	5668	51	9678	26480	237430.0	56371.0
2009	3183	1407	15750	11	780	12522	6097	49	10294	26438	283268.0	59182.0
2010	3193	1467	17245	12	1182	12991	6535	57	12786	26366	295179.0	75445.0
2011	3219	1523	19082	19	1648	13489	7750	53	12444	26270	366162.0	338178.0
2012	3592	5317	35637	11	1808	13726	10030	58	16469	26211	394928.0	381950.0
2013	4011	9330	43028	14	1912	16407	11795	57	24518	26236	455736.0	404537.0
2014	4882	9890	46980	21	1927	16990	12869	58	43539	25856	534921.0	243395.0
2015	5706	11180	49403	14	1856	16800	14560	56	45863	25827	564076.0	257923.0
2016	6766	12591	51084	14	1989	16967	14499	52	51596	25570	607308.0	145483.0
2017	7102	13579	54477	19	2751	19147	16123	47	59104	25647	701768.0	88868.0
2018	7253	13625	55413	19	3908	26550	14286	43	66439	25622	765582.0	100460.0
2019	7645	15294	53908	12	3961	26020	12712	56	66956	25462	840839.0	129179.0
2020	7757	16068	53392	8	4218	27448	10962	61	71177	25416	819318.0	140744.0
2021	7891	17485	53239	9	4487	26699	9621	60	70261	25516	814201.0	214807.0
2022	8063	18761	53413	9	5102	26586	9737	60	77837	25184	935361.0	234717.0
2023	8481	20633	56279	9	5809	26576	9187	61	84921	25153	942487.0	265441.0
2024	9660	23212	57432	9	5855	24857	10362	65	87636	25626	974662.0	565488.0

8-2　2024 年水文站网（按地区分）

Hydrological Network in 2024 (by Region)

单位：处　　　　unit: unit

地区	Region	国家基本流量站 National Basic Hydrological Station													
		合计	水文部门管理国家基本流量站 Basic Hydrological Station Managed by Hydrological Department												非水文部门管理的国家基本流量站 National Basic Hydrological Station Managed by Non-hydrological Departments
			合计	布设位置 Installed Position					监测方式 Monitoring Method			其中：间测站 Among Which: Gauging Station for Interval Measurement	其中：委托观测站 Among Which: Contracted Observation Station	其中：自动监测站 Among Which: Automatic Monitoring Station	
				河道 River Course	水库 Reservoir	湖泊 Lake	感潮 Lake Flow	渠道 Canal	驻测站 Staff Gauge Station	巡测站 Mobile Gauging Station without Permanent Staff	巡驻结合 Stationary and Mobile Gauging				
合　计	**Total**	**3317**	**3257**	**2676**	**227**	**33**	**110**	**211**	**1486**	**920**	**851**	**107**	**208**	**1310**	**60**
北　京	Beijing	61	61	43	18				45	16			44	61	
天　津	Tianjin	29	23	21			2		18	5					6
河　北	Hebei	132	131	90	22	2		17			131				1
山　西	Shanxi	68	67	57	10				67					67	1
内蒙古	Inner Mongolia	148	142	132	1			9	67	7	68	2		21	6
辽　宁	Liaoning	123	102	101	1						102	2		14	21
吉　林	Jilin	111	111	105	6						111			42	
黑龙江	Heilongjiang	120	120	110	10				28	68	24	5	74	25	
上　海	Shanghai	12	12				12			12				9	
江　苏	Jiangsu	154	154	46	6	1	54	47	142	6	6	30	10	61	
浙　江	Zhejiang	95	90	83	3		4		70	9	11		16	66	5
安　徽	Anhui	112	105	55	10	1	2	37	59	4	42	5		69	7
福　建	Fujian	57	55	54	1				55					54	2
江　西	Jiangxi	121	121	120		1			39	77	5			114	
山　东	Shandong	159	159	92	39			28	106	36	17	12	12	93	
河　南	Henan	126	126	87	25			14	88		38			17	
湖　北	Hubei	93	93	62	11			20	58	35		3	5	5	
湖　南	Hunan	113	113	112	1				86	27				11	
广　东	Guangdong	88	82	74	5		3		34	33	15	1	16	43	6
广　西	Guangxi	149	149	145	2		2		56	93		29		117	
海　南	Hainan	13	13	11	2				9		4			5	
重　庆	Chongqing	31	31	31					9		22			8	
四　川	Sichuan	148	148	148					17	110	21				
贵　州	Guizhou	105	105	105					18	82	5			96	
云　南	Yunnan	184	184	169	4	11			41	42	101	1		66	
西　藏	Xizang	48	48	48					22	25	1		23	6	
陕　西	Shaanxi	80	80	80					80					19	
甘　肃	Gansu	95	95	83	12				67	13	15	5	8		
青　海	Qinghai	35	35	35					25	3	7			7	
宁　夏	Ningxia	39	39	17				22		22	17			39	
新　疆	Xinjiang	135	135	117	9			9	101	23	11			11	
新疆生产建设兵团	Xinjiang Production and Construction Corps	18	18	12	6					18					
长江委	Yangtze River Water Resources Commission	130	130	81	20	17	9	3	30	75	25	12		48	
黄　委	Yellow River Water Resources Commission	121	118	118					24	46	48			84	3
淮　委	Huaihe River Water Resources Commission	1	1	1					1						
海　委	Haihe River Water Resources Commission	16	16	9	3			4	12	1	3			3	
珠江委	Pearl River Water Resources Commission	28	28	7			21		8	20				21	
松辽委	Songliao River Water Resources Commission	11	9	9					2	7					2
太湖局	Taihu Basin Authority	8	8	6			1	1	2	5	1			8	

8-2 续表 continued

地区	Region	国家基本水位站 Basic Stage Gauging Station: 合计 Total	布设位置 Installed Position: 河道 River Course	水库 Reservoir	湖泊 Lake	感潮 Lake Flow	渠道 Canal	监测方式 Monitoring Method: 人工观测 Manual Observation	自动监测 Automatic Monitoring	其中：委托观测站 Among Which: Contracted Observation Station	国家基本降水量站 Basic Precipitation Station: 合计 Total	其中 Among: 常年 Perennial	汛期 Flood Season	监测方式 Monitoring Method: 人工观测 Manual Observation	自动监测 Automatic Monitoring	其中：委托观测站 Among Which: Contracted Observation Station
合　计	**Total**	**1131**	**732**	**84**	**86**	**186**	**43**	**27**	**1104**	**431**	**14786**	**13320**	**1466**	**2**	**14784**	**7832**
北　京	Beijing										121	121			121	114
天　津	Tianjin	2	2						2	2	29	11	18		29	29
河　北	Hebei	13	10	3					13	12	1089	705	384		1089	1089
山　西	Shanxi										739	667	72		739	739
内蒙古	Inner Mongolia	10	3	1	6				10	1	497	450	47		497	297
辽　宁	Liaoning	9	6			3			9		435	300	135		435	
吉　林	Jilin	9	9						9		283	201	82		283	283
黑龙江	Heilongjiang	41	37	2	2			1	40	31	478	461	17		478	465
上　海	Shanghai	41				41			41	9	11	11			11	2
江　苏	Jiangsu	140	97	5	12	11	15		140	96	237	237			237	194
浙　江	Zhejiang	138	100			34	4		138	51	486	486			486	221
安　徽	Anhui	61	27	1	15	2	16		61		627	627			627	
福　建	Fujian	43	32			11			43		422	422			422	422
江　西	Jiangxi	45	39		6				45		822	822			822	
山　东	Shandong	9	1		5	3			9	9	687	372	315		687	687
河　南	Henan	32	25	3			4		32		751	483	268		751	
湖　北	Hubei	42	11	18	11		2		42	11	543	543			543	
湖　南	Hunan	12	12						12		453	453			453	
广　东	Guangdong	92	37	1		54			92	30	718	718			718	718
广　西	Guangxi	15	10			5		15			605	605			605	
海　南	Hainan	8	5			3			8	1	183	183			183	183
重　庆	Chongqing	133	127	6					133	133	831	831			831	831
四　川	Sichuan	29	28		1			1	28		571	571			571	
贵　州	Guizhou	4	4						4		561	561			561	
云　南	Yunnan	12	2	1	9				12		890	890			890	
西　藏	Xizang	3	2		1				3							
陕　西	Shaanxi	2	2						2		555	555			555	555
甘　肃	Gansu										234	234			234	233
青　海	Qinghai	1			1			1			86	75	11		86	86
宁　夏	Ningxia	11	11						11		158	129	29		158	
新　疆	Xinjiang	1			1				1		5	5		2	3	5
新疆生产建设兵团	Xinjiang Production and Construction Corps															
长江委	Yangtze River Water Resources Commission	114	52	40	14	8			114	36	29	29			29	29
黄　委	Yellow River Water Resources Commission	45	40	3	2			9	36	9	650	562	88		650	650
淮　委	Huaihe River Water Resources Commission															
海　委	Haihe River Water Resources Commission	3	1				2		3							
珠江委	Pearl River Water Resources Commission	11				11			11							
松辽委	Songliao River Water Resources Commission															
太湖局	Taihu Basin Authority															

8-2 续表 continued

地区	Region	水面蒸发站 Evaporation Station			地下水站 Groundwater Station							
		合计 Total	监测方式 Monitoring Method		合计 Total	其中 Among		监测方式 Monitoring Method		地下水水质监测 Monitoring of Groundwater Station Quality		
			人工观测 Manual Observation	自动监测 Automatic Monitoring		国家站 National Station	地方站 Local Station	人工监测 Manual Moniting	自动监测 Automatic Moniting	合计 Total	其中 Among	
											水质人工监测 Manual Moniting of Water Quality	水质自动监测 Automatic Moniting of Water Quality
合　计	**Total**	**9**	**4**	**5**	**24857**	**10300**	**14557**	**6528**	**18329**	**5082**	**5057**	**25**
北　京	Beijing				1272	437	835	307	965	504	491	13
天　津	Tianjin				680	365	315	40	640	165	165	
河　北	Hebei				3151	954	2197		3151	286	286	
山　西	Shanxi				1378	504	874	387	991	206	206	
内蒙古	Inner Mongolia				2388	490	1898	331	2057	261	261	
辽　宁	Liaoning				1027	627	400	373	654	333	326	7
吉　林	Jilin				1770	510	1260	1260	510	528	528	
黑龙江	Heilongjiang				3131	786	2345	816	2315	235	235	
上　海	Shanghai				91	91			91	17	17	
江　苏	Jiangsu				654	523	131		654	515	515	
浙　江	Zhejiang				166	155	11		166	39	39	
安　徽	Anhui	1	1		451	390	61		451	160	160	
福　建	Fujian	1		1	55	55			55	10	10	
江　西	Jiangxi	1		1	128	128			128	29	29	
山　东	Shandong				2134	802	1332	843	1291	234	234	
河　南	Henan				2137	712	1425	1417	720	554	554	
湖　北	Hubei				215	195	20		215	42	42	
湖　南	Hunan				98	83	15	5	93	23	23	
广　东	Guangdong	1	1		130	96	34	19	111	16	16	
广　西	Guangxi				124	124			124	22	22	
海　南	Hainan				95	75	20		95	13	13	
重　庆	Chongqing				80	80			80	17	17	
四　川	Sichuan				162	130	32	32	130	29	29	
贵　州	Guizhou				59	59			59	12	12	
云　南	Yunnan	2	2		181	173	8		181	36	36	
西　藏	Xizang				60	60			60	13	13	
陕　西①	Shaanxi				1176	558	618	479	697	182	177	5
甘　肃	Gansu				643	330	313	199	444	282	282	
青　海	Qinghai				140	140			140	41	41	
宁　夏	Ningxia				358	166	192		358	50	50	
新　疆	Xinjiang				612	430	182		612	207	207	
新疆生产建设兵团	Xinjiang Productiond and Construction Corps				109	70	39	20	89	21	21	
长江委	Yangtze River Water Resources Commission	2		2	2	2			2			
黄　委	Yellow River Water Resources Commission	1		1								
淮　委	Huaihe River Water Resources Commission											
海　委	Haihe River Water Resources Commission											
珠江委	Pearl River Water Resources Commission											
松辽委	Songliao River Water Resources Commission											
太湖局	Taihu Basin Authority											

① 陕西地下水站为陕西省地下水保护与监测中心监测站点。

① The groundwater monitoring stations of Shaanxi are managed by Groundwater Management and Monitoring Bureau of Shaanxi Province.

8-2 续表 continued

地区	Region	水质站（地表水）Water Quality Station 合计 Total	其中：量质结合 Among which: Water Quality and Quantity	监测方式 Monitoring Method 人工监测 Manual Observation	自动监测 Automatic Monitoring	水生态站 Water Ecosystem
合 计	**Total**	**10362**	**2402**	**9842**	**614**	**1456**
北 京	Beijing	306	63	290	16	245
天 津	Tianjin	144	10	144	3	32
河 北	Hebei	258	122	256	2	12
山 西	Shanxi	133	123	131	2	14
内蒙古	Inner Mongolia	209	209	209		12
辽 宁	Liaoning	358		342	16	2
吉 林	Jilin	142		142		1
黑龙江	Heilongjiang	277		260	17	
上 海	Shanghai	462	19	443	19	6
江 苏	Jiangsu	1018	132	981	37	13
浙 江	Zhejiang	294	71	294		21
安 徽	Anhui	615	117	504	111	66
福 建	Fujian	160	55	159	1	1
江 西	Jiangxi	419	51	398	21	165
山 东	Shandong	89	55	89	5	15
河 南	Henan	293	78	293	16	62
湖 北	Hubei	386		358	28	180
湖 南	Hunan	337	71	294	43	45
广 东	Guangdong	859	116	760	99	236
广 西	Guangxi	364	157	362	18	7
海 南	Hainan	52	17	47	5	
重 庆	Chongqing	254	32	243	11	
四 川	Sichuan	361		361		3
贵 州	Guizhou	178	86	164	14	10
云 南	Yunnan	648	201	648		90
西 藏	Xizang	80		80		2
陕 西	Shaanxi	203	13	200	3	13
甘 肃	Gansu	104		98	6	1
青 海	Qinghai	83	35	83		13
宁 夏	Ningxia	61	49	46	15	6
新 疆	Xinjiang	236	122	236		54
新疆生产建设兵团	Xinjiang Production and Construction Corps	5			5	
长江委	Yangtze River Water Resources Commission	331	99	320	11	5
黄 委	Yellow River Water Resources Commission	127	34	127		58
淮 委	Huaihe River Water Resources Commission	132	68	132		17
海 委	Haihe River Water Resources Commission	83	73	71	12	0
珠江委	Pearl River Water Resources Commission	57	40	54	3	6
松辽委	Songliao River Water Resources Commission	76	10	75	1	1
太湖局	Taihu Basin Authority	168	74	148	74	42

8-2 续表 continued

地区 Region	墒情站 Soil Moisture Station					水文实验站 Experiment Station						测雨雷达站 Rainfall Radar Station	其他站点 Others	固定洪调点 Fixed-flood Regulation Station
	合计 Total	监测方式 Monitoring Method				合计 Total	实验目的 Experiment Project				其中：兼水文站 Among Which: Dual-purpose Hydrological Station			
		人工监测 Manual Observation	自动监测 Automatic Monitoring				基础理论研究类 Basic Theoretical Research	特定水体研究类 Specific Water Body Research	特定生态研究类 Specific Ecological Research	测验技术研究类 Test Technology Research				
			合计 Subtotal	其中：固定 #Fixed	其中：移动 Mobile									
合　计 Total	**5855**	**1003**	**4852**	**3965**	**887**	**65**	**35**	**22**	**3**	**5**	**22**	**46**	**415**	**1243**
北　京 Beijing	38		38	38		1				1		3		
天　津 Tianjin	3		3	3										
河　北 Hebei	188	188				2	2				1	4		
山　西 Shanxi	97		97	97		2	1	1						
内蒙古 Inner Mongolia	355		355	355		2	2							
辽　宁 Liaoning	96	41	55	55		3	3				1	4		
吉　林 Jilin	305	43	262	262		2	2							
黑龙江 Heilongjiang						4	4				3			
上　海 Shanghai														
江　苏 Jiangsu	35	1	34	34									281	
浙　江 Zhejiang	27		27	27		1	1				1	3		
安　徽 Anhui	219	90	129	129		5	4	1			4	5		
福　建 Fujian	16		16	16		2				2	1			
江　西 Jiangxi	503	397	106	98	8	3	2			1		3	54	
山　东 Shandong	548	155	393	393								6		9
河　南 Henan	977		977	447	530									
湖　北 Hubei														7
湖　南 Hunan	344		344	320	24	1	1					3		
广　东 Guangdong	6	6				1	1					3		
广　西 Guangxi	200		200	200		1		1			1	7		
海　南 Hainan														
重　庆 Chongqing	72	5	67	67										
四　川 Sichuan	109	11	98		98	1			1		1			
贵　州 Guizhou	507		507	343	164	2	2				1	3		
云　南 Yunnan	408	8	400	400		2		2			1	2	62	838
西　藏 Xizang	6		6	6		3	3				2			
陕　西 Shaanxi	16	16												
甘　肃 Gansu	20	20				1			1					220
青　海 Qinghai														28
宁　夏 Ningxia	59	21	38	38										46
新　疆 Xinjiang	522		522	459	63									28
新疆生产建设兵团 Xinjiang Production and Construction Corps	178		178	178										
长江委 Yangtze River Water Resources Commission	1	1				5	2	2		1	4			
黄　委 Yellow River Water Resources Commission						6	3	2	1				18	
淮　委 Huaihe River Water Resources Commission						1	1							
海　委 Haihe River Water Resources Commission														
珠江委 Pearl River Water Resources Commission						12		12						
松辽委 Songliao River Water Resources Commission														
太湖局 Taihu Basin Authority						2	1	1			1			67

8-2 续表 continued

地区	Region	专用站 Special Station							
		专用流量站 Special Purpose Hydrological Station				专用水位站 Special Purpose Gauging Station			
		合计 Total	水文部门建设 Built by Hydrological Department	非水文部门建设 Built by Non-hydro-logical Department	其中: #自动监测 Automatic Monitoring	合计 Total	水文部门建设 Built by Hydrological Department	非水文部门建设 Built by Non-hydro-logical Department	其中: #自动监测 Automatic Monitoring
合 计	**Total**	**6343**	**5816**	**527**	**3884**	**22081**	**14184**	**7897**	**22033**
北 京	Beijing	333	333		333				
天 津	Tianjin	39	38	1	2				
河 北	Hebei	120	117	3	120	810	405	405	810
山 西	Shanxi	48	45	3	48	234	234		234
内蒙古	Inner Mongolia	142	142		135	15	15		15
辽 宁	Liaoning	96	96			49	49		49
吉 林	Jilin	111	111		5	87	87		87
黑龙江	Heilongjiang	154	154		65	122	122		109
上 海	Shanghai	14	14		14	108	106	2	108
江 苏	Jiangsu	407	403	4	58	772	772		772
浙 江	Zhejiang	886	720	166	886	10436	7763	2673	10436
安 徽	Anhui	307	88	219	187	159	153	6	159
福 建	Fujian	83	83		25	2452	123	2329	2452
江 西	Jiangxi	139	139		98	1057	295	762	1057
山 东	Shandong	615	615		50	292	292		292
河 南	Henan	239	239			125	125		125
湖 北	Hubei	198	198		127	270	270		270
湖 南	Hunan	159	155	4	159	892	201	691	892
广 东	Guangdong	215	179	36	215	562	550	12	562
广 西	Guangxi	283	283		126	273	273		273
海 南	Hainan	32	32		32	21	21		21
重 庆	Chongqing	197	197		197	776	372	404	776
四 川	Sichuan	240	240		240	480	480		480
贵 州	Guizhou	215	215		210	161	161		161
云 南	Yunnan	205	163	42	11	122	112	10	122
西 藏	Xizang	87	87		87	75	75		75
陕 西	Shaanxi	74	72	2	73	101	96	5	101
甘 肃	Gansu	38	38			158	158		158
青 海	Qinghai	26	26		4	27	27		27
宁 夏	Ningxia	231	231		181	430	430		430
新 疆	Xinjiang	85	77	8	21	137	59	78	120
新疆生产建设兵团	Xinjiang Production and Construction Corps	77	77		17	558	77	481	558
长江委	Yangtze River Water Resources Commission	23	23			159	159		159
黄 委	Yellow River Water Resources Commission	7	7		6	49	41	8	31
淮 委	Huaihe River Water Resources Commission	89	50	39	54	86	56	30	86
海 委	Haihe River Water Resources Commission	27	27		25	12	11	1	12
珠江委	Pearl River Water Resources Commission	19	19						
松辽委	Songliao River Water Resources Commission	12	12		2	12	12		12
太湖局	Taihu Basin Authority	71	71		71	2	2		2

8-2　续表 continued

地区	Region	专用站 Special Station			
		专用降水量站 Special Purpose Precipitation Station			
		合计 Total	水文部门建设 Built by Hydrological Department	非水文部门建设 Built by Non-hydrological Department	其中：#自动监测 Automatic Monitoring
合　计	**Total**	**42646**	**34089**	**8557**	**42607**
北　京	Beijing	388	388		388
天　津	Tianjin				
河　北	Hebei	1699	196	1503	1699
山　西	Shanxi	3489	3489		3489
内蒙古	Inner Mongolia	831	831		831
辽　宁	Liaoning	1176	1176		1176
吉　林	Jilin	1648	1648		1648
黑龙江	Heilongjiang	1503	1503		1503
上　海	Shanghai	64	64		64
江　苏	Jiangsu	45	45		45
浙　江	Zhejiang	2748	1959	789	2748
安　徽	Anhui	636	636		636
福　建	Fujian	1163	75	1088	1163
江　西	Jiangxi	2230	823	1407	2230
山　东	Shandong	1515	1515		1515
河　南	Henan	3222	1769	1453	3222
湖　北	Hubei	749	749		749
湖　南	Hunan	1225	876	349	1225
广　东	Guangdong	878	878		878
广　西	Guangxi	3190	2441	749	3190
海　南	Hainan				
重　庆	Chongqing	3794	3302	492	3794
四　川	Sichuan	2957	2957		2957
贵　州	Guizhou	937	937		937
云　南	Yunnan	2270	2238	32	2270
西　藏	Xizang	615	615		615
陕　西	Shaanxi	1304	1293	11	1304
甘　肃	Gansu	159	159		159
青　海	Qinghai	301	301		301
宁　夏	Ningxia	850	850		850
新　疆	Xinjiang	275	78	197	236
新疆生产建设兵团	Xinjiang Production and Construction Corps	544	82	462	544
长江委	Yangtze River Water Resources Commission				
黄　委	Yellow River Water Resources Commission	150	125	25	150
淮　委	Huaihe River Water Resources Commission				
海　委	Haihe River Water Resources Commission				
珠江委	Pearl River Water Resources Commission				
松辽委	Songliao River Water Resources Commission	91	91		91
太湖局	Taihu Basin Authority				

8-2 续表 continued

地区	Region	报汛报旱站 Flood and Drought Warning Station							
		合计 Total	测站类型 Types of Station						
			流量站 Hydrological Station	水位站 Gauging Station	降水量站 Precipitation Station	墒情站 Soil Moisture Station	水工程报汛报旱站 Water Conservancy Project		
							合计 Total	水库 Reservoir	堰闸等其他水工程 Water Gates and Others
合 计	**Total**	**63587**	**5616**	**8600**	**34976**	**4150**	**10245**	**9435**	**810**
北 京	Beijing	247	75		73	38	61	32	29
天 津	Tianjin	396	3	158	61	3	171	19	152
河 北	Hebei	4308	272	697	2830	188	321	304	17
山 西	Shanxi	345	52		187	97	9	9	
内蒙古	Inner Mongolia	421	129	4	84	85	119	119	
辽 宁	Liaoning	2379	196	58	1302	59	764	747	17
吉 林	Jilin	2560	222	96	1931	305	6	6	
黑龙江	Heilongjiang	2944	276	154	1972		542	542	
上 海	Shanghai	376	12	188	176				
江 苏	Jiangsu	2398	181	289	293	26	1609	1283	326
浙 江	Zhejiang	1656	40	54	534		1028	1009	19
安 徽	Anhui	5346	76	3478	1505	124	163	15	148
福 建	Fujian	633	63	52	376		142	142	
江 西	Jiangxi	3255	194	77	1133	106	1745	1745	
山 东	Shandong	3280	457	194	2069	395	165	163	2
河 南	Henan	6044	244	691	3973	977	159	147	12
湖 北	Hubei	2039	270	191	1089	63	426	371	55
湖 南	Hunan	1785	112	12	389	547	725	725	
广 东	Guangdong	1134	403	117	589	22	3	3	
广 西	Guangxi	4166	414	301	2948	200	303	302	1
海 南	Hainan	204	11	8	183		2	2	
重 庆	Chongqing	802	21	18	83	121	559	559	
四 川	Sichuan	4853	397	610	3507	11	328	328	
贵 州	Guizhou	2535	320	165	1498	48	504	504	
云 南	Yunnan	3794	318	116	2943	408	9	9	
西 藏	Xizang	622	18	2	599	3			
陕 西①	Shaanxi								
甘 肃	Gansu	81	81						
青 海	Qinghai	170	34	1	105		30	30	
宁 夏	Ningxia	1326	173	28	1024	59	42	42	
新 疆	Xinjiang	619	172	60	71	87	229	229	
新疆生产建设兵团	Xinjiang Production and Construction Corps	1415	95	558	544	178	40	40	
长江委	Yangtze River Water Resources Commission	319	122	168	28		1	1	
黄 委	Yellow River Water Resources Commission	976	123	53	774		26	5	21
淮 委	Huaihe River Water Resources Commission	1	1						
海 委	Haihe River Water Resources Commission	25	11	1			13	3	10
珠江委	Pearl River Water Resources Commission	3	3						
松辽委	Songliao River Water Resources Commission	126	23		103				
太湖局	Taihu Basin Authority	4	2	1			1		1

① 陕西地下水站为陕西省地下水保护与监测中心监测站点。

① The groundwater monitoring stations of Shaanxi are managed by Groundwater Management and Monitoring Bureau of Shaanxi Province.

8-2　续表 continued

地区	Region	可发布预报站 Forecasting Station 合计 Total	其中：Among Which: 中小河流预报站 Small and Medium Rivers Forecast Station	乙级精度以上预报站 Forecast Stations with Higher Accuracy than Class B	可发布预警站 Warning Station	报送水文信息地下水站 Groundwater Satation for Hydrological Information 合计 Total	其中 Among 国家站 National Station	地方站 Local Station
合　计	**Total**	**3789**	**2336**	**1917**	**3896**	**24049**	**10298**	**13751**
北　京	Beijing	40	22	18	18	1272	437	835
天　津	Tianjin	5		1	7	680	365	315
河　北	Hebei	252	252	204	96	3151	954	2197
山　西	Shanxi	11	1		15	948	504	444
内蒙古	Inner Mongolia	7	1	4	30	2388	490	1898
辽　宁	Liaoning	127	77	95	10	944	627	317
吉　林	Jilin	87	1	86	274	1770	510	1260
黑龙江	Heilongjiang	60	60	60	54	2843	786	2057
上　海	Shanghai	6			3	91	91	
江　苏	Jiangsu	43		43	66	654	523	131
浙　江	Zhejiang	186	50	143	78	166	155	11
安　徽	Anhui	177	46	82	96	451	390	61
福　建	Fujian	46	24	32	32	55	55	
江　西	Jiangxi	179	79	79	102	128	128	
山　东	Shandong	71	3	70	32	2134	802	1332
河　南	Henan	93	68	93		2137	712	1425
湖　北	Hubei	270	261	48	47	215	195	20
湖　南	Hunan	356	301	55	373	93	83	10
广　东	Guangdong	400	276	112		130	96	34
广　西	Guangxi	456	235	326	609	124	124	
海　南	Hainan	8	3	7	9	95	75	20
重　庆	Chongqing	19		7	16	80	80	
四　川	Sichuan	272	169	50	397	162	130	32
贵　州	Guizhou	56	42	56	20	59	59	
云　南	Yunnan	403	350	111	105	181	173	8
西　藏	Xizang	1			12	60	60	
陕　西	Shaanxi					1176	558	618
甘　肃	Gansu	4	4		81	643	330	313
青　海	Qinghai	2			34	140	140	
宁　夏	Ningxia	16	11	3		358	166	192
新　疆	Xinjiang	62		62	123	612	430	182
新疆生产建设兵团	Xinjiang Production and Construction Corps				1102	109	70	39
长江委	Yangtze River Water Resources Commission	34		34	32			
黄　委	Yellow River Water Resources Commission	15		15	13			
淮　委	Huaihe River Water Resources Commission	1		1				
海　委	Haihe River Water Resources Commission	3		3	2			
珠江委	Pearl River Water Resources Commission							
松辽委	Songliao River Water Resources Commission	12		8	7			
太湖局	Taihu Basin Authority	9		9	1			

8-2 续表 continued

地区	Region	观测项目类别（站数/断面） Types of Measuring Items (Number of Stations/Sections)												
					其中 Among Which									
		流量 Runoff	水位 Water Level	泥沙 Sedi-ment	悬移质 Suspen-ded Load	推移质 Traction Load	河床质 Bed Load	颗粒分析 Particle Size Analysis	其中：自动监测 Automatic Monito-ring	降水量 Precipi-tation	蒸发 Evapora-tion	比降 Gradi-ent	冰情 Ice Condi-tion	水温 Water Tempera-ture
合 计	**Total**	**10650**	**30827**	**1657**	**1442**	**13**	**257**	**563**	**134**	**73045**	**1780**	**1125**	**1286**	**1267**
北 京	Beijing	363	394	17	17			11	15	509	27	14	33	26
天 津	Tianjin	84	126	20	20			8		51	7		50	10
河 北	Hebei	308	1188	125	125			53	3	3432	47	50	137	76
山 西	Shanxi	157	396	60	60			26		4365	50	64	49	53
内蒙古	Inner Mongolia	303	328	79	79			2	1	1328	104	71	122	81
辽 宁	Liaoning	219	277	75	75			31	9	1863	40	76	66	45
吉 林	Jilin	222	318	47	47					2106	29	62	83	73
黑龙江	Heilongjiang	285	437	16	16			8		1228	74	31	152	152
上 海	Shanghai	27	187							198	12			9
江 苏	Jiangsu	625	1426	21	21					1127	36	1		7
浙 江	Zhejiang	981	11390	28	28				21	12047	136	4		121
安 徽	Anhui	805	740	44	44					1573	41	30		
福 建	Fujian	140	302	28	28					505	33	41		21
江 西	Jiangxi	260	1360	31	31			13	4	4354	71	17		26
山 东	Shandong	838	1110	53	53			3		2753	100	13	117	17
河 南	Henan	402	546	36	36					888	54	17	116	37
湖 北	Hubei	333	651	15	15			4	1	1791	42	21		20
湖 南	Hunan	272	1177	31	31					2608	47	53		25
广 东	Guangdong	315	957	24	24			5		2520	33	54		
广 西	Guangxi	432	720	39	39				30	4475	90	67		44
海 南	Hainan	45	29	5	5					183	6	3		5
重 庆	Chongqing	228	1137	15	15					5762	34			
四 川	Sichuan	389	898	57	57			15		4400	78	13	3	11
贵 州	Guizhou	306	482	21	21				1	1941	70			24
云 南	Yunnan	450	597	70	70				12	4017	135	57		62
西 藏	Xizang	136	214	12	12					680	37		24	39
陕 西	Shaanxi	154	257	68	68			30		2115	54	74	10	21
甘 肃	Gansu	149	333	57	57					480	70	44	39	22
青 海	Qinghai	74	94	29	29			1		460	34	37	33	14
宁 夏	Ningxia	270	711	26	26				5	1029	21	9	46	1
新 疆	Xinjiang	327	303	74	74					394	84	72	79	98
新疆生产建设兵团	Xinjiang Production and Construction Corps	95	653	8	8					567	6	4	5	8
长江委	Yangtze River Water Resources Commission	153	426	72	72	13	27	60	25	197	18			44
黄 委	Yellow River Water Resources Commission	148	242	336	121		230	291	7	928	37	119	108	56
淮 委	Huaihe River Water Resources Commission	90	176							1	1			
海 委	Haihe River Water Resources Commission	49	81	7	7					27	8	3	6	9
珠江委	Pearl River Water Resources Commission	47	58	3	3					21	6			
松辽委	Songliao River Water Resources Commission	23	35	8	8			2		109	6	4	8	8
太湖局	Taihu Basin Authority	146	71							13	2			2

8-2 续表 continued

地区	Region	地下水 Groundwater	其中 Among Which: 地下水水位 Groundwater Level	地下水水质 Groundwater Quality	地下水水量 Groundwater Quantity	地下水水温 Groundwater Temperature	地表水水质 Surface Water Quality	水生态 Water Ecology	墒情 Soil Moisture Condition	水文调查 Hydrological Survey	辅助气象 Auxiliary Meteorology
		观测项目类别（站数/断面） Types of Measuring Items (Number of Stations/Sections)									
合 计	**Total**	**24857**	**24435**	**5082**	**50**	**15410**	**10362**	**1463**	**6852**	**1256**	**591**
北 京	Beijing	1272	952	504		437	306	245	38	20	15
天 津	Tianjin	680	680	165		365	144	32	3	17	11
河 北	Hebei	3151	3151	286	1	954	258	12	188	14	11
山 西	Shanxi	1378	1378	206		991	133	14	165	68	68
内蒙古	Inner Mongolia	2388	2291	261		2125	209	12	441	76	72
辽 宁	Liaoning	1027	1027	333		700	358	2	96	92	1
吉 林	Jilin	1770	1770	528		945	142	1	305	24	
黑龙江	Heilongjiang	3131	3131	235		2315	277			186	118
上 海	Shanghai	91	91	17		91	462	6			11
江 苏	Jiangsu	654	654	515		633	1018	13	35		
浙 江	Zhejiang	166	166	39		166	294	21	82		
安 徽	Anhui	451	451	160		451	615	66	328	45	3
福 建	Fujian	55	55	10		55	160	8	16		
江 西	Jiangxi	128	128	29		128	419	165	503	20	14
山 东	Shandong	2134	2134	234	5	1019	89	15	548	135	
河 南	Henan	2137	2137	554	8	712	293	62	977	126	2
湖 北	Hubei	215	215	42		215	386	180			
湖 南	Hunan	98	93	23		93	337	45	859		
广 东	Guangdong	130	130	16		130	859	236	6	37	31
广 西	Guangxi	124	124	22	20	122	364	7	200		38
海 南	Hainan	95	95	13		75	52			11	2
重 庆	Chongqing	80	80	17		80	254		268		
四 川	Sichuan	162	162	29		130	361	3	109		
贵 州	Guizhou	59	59	12	11	59	178	10	507		5
云 南	Yunnan	181	181	36		181	648	90	408	46	38
西 藏	Xizang	60	60	13		60	80	2	6		21
陕 西①	Shaanxi	1176	1176	182		558	203	13	41		
甘 肃	Gansu	643	643	282		440	104	1	20	90	9
青 海	Qinghai	140	140	41		140	83	13		28	1
宁 夏	Ningxia	358	358	50		358	61	6	59	46	
新 疆	Xinjiang	612	612	207	5	612	236	54	465	47	54
新疆生产建设兵团	Xinjiang Production and Construction Corps	109	109	21		70	5		178		
长江委	Yangtze River Water Resources Commission	2	2				331	5	1		5
黄 委	Yellow River Water Resources Commission						127	58		125	38
淮 委	Huaihe River Water Resources Commission						132	17			
海 委	Haihe River Water Resources Commission						83			3	5
珠江委	Pearl River Water Resources Commission						57	6			
松辽委	Songliao River Water Resources Commission						76	1			6
太湖局	Taihu Basin Authority						168	42			12

① 陕西地下水观测项目为陕西省地下水保护与监测中心监测站点地下水观测项目。

① The groundwater measuring items of Shaanxi are managed by Groundwater Management and Monitoring Bureau of Shaanxi Province.

主要统计指标解释

水文测站 为经常收集水文数据而在河、渠、湖、库上或流域内设立的各种水文观测场所的总称。

国家基本水文测站 为公用目的，经统一规划设立，能获取基本水文要素值多年变化资料的水文测站。它应进行较长期的连续观测，资料长期存储。

流量站 设在河、渠、湖、库上以测定水位、流量为主的水文测站，根据需要还可监测降水、水面蒸发、泥沙、墒情、地下水、水质、气象要素等有关项目。

水位站 以观测水位为主，可兼测降水量等项目的水文测站。

降水量站（雨量站） 以观测降水量为主的水文测站。

水面蒸发站 观测水面蒸发量及相关项目的水文测站。

地下水站（井） 为观测地下水的量、质动态变化，在水文地质单元或地下水开采区等设置的水文测站或地下水监测井（孔）。

水质站（水质监测站） 为掌握水资源质量变化动态，收集和积累水体的物理、化学和生物等监测信息而进行采样和现场测定位置的总称。

墒情站 观测土壤含水量变化的水文测站。

水文实验站 在天然和人为特定实验条件下，由一个或一组水文观测试验项目站点组成的专门场所。

巡测站 水文专业人员以巡回流动的方式定期或不定期地对一个地区或流域内各观测站（点）的水文要素进行测验的水文测站。

Explanatory Notes of Main Statistical Indicators

Hydrological station General term for hydrological observation locations built on rivers, canals, lakes, reservoirs or inside river basins for gathering hydrological data.

Basic station Hydrological measurement stations that are built for public purpose and designed according to unified planning to gather multi-year variables of basic hydrological element value. This kind of station carries out long-term and continuous observation and stores data for future usage.

Hydrological station Hydrological measurement stations that are built on rivers, canals, lakes or reservoirs and mainly for observation of water level and flow. When necessary, it can also be used to observe precipitation, water surface evaporation, sediment, moisture, groundwater, water quality, meteorological and other related data.

Stage gauging station Hydrological measurement stations that are mainly used to observe water level, and can also be used to observe precipitation and other related data at the same time.

Precipitation station (Rainfall station) Hydrological measurement stations that are used to observe precipitation.

Evaporation station Hydrological measurement stations that are used to observe water surface evaporation and other relevant data.

Groundwater monitoring station (Well) Hydrological measurement stations or groundwater monitoring well (hole) that are located in hydrogeological units or groundwater abstraction zone and used to observe the dynamic changes of water quantity and quality.

Water quality station (Water quality monitoring station) General term for sampling and on-site measurement locations which are used to observe dynamic changes of water quality and gather and accumulate monitoring data related to physical, chemical and biological conditions of water bodies.

Moisture gauging station Hydrological measurement stations that are used to observe the variation of soil moisture content.

Hydrological experimental station It is a special place composed of one or a group of hydrological observation and test project stations under the natural and artificial specific experimental conditions.

Tour hydrological station Hydrological measurement stations that are used for hydrological professionals to conduct regular or irregular tests on hydrological elements of measurement stations (points) in a region or within a river basin.

9 从业人员情况

Employees

简要说明

从业人员情况统计资料主要包括水利部机关、直属单位、各省（自治区、直辖市）和计划单列市水利（水务）厅（局）的从业人员和技术工人情况等。

本部分资料分水利部机关和流域管理机构、水利部在京直属单位、其他京外直属单位和地方水利部门。

Brief Introduction

Statistical data of employment provides you with information on employees working for the water sector, including staff and workers employed by the Ministry of Water Resources and organizations under the ministry, water resources departments of provinces (autonomous regions or municipalities) as well as cities with separate plans.

The data of Ministry of Water Resources and river basin commissions under the Ministry, affiliate organizations of the Ministry in Beijing and affiliate organizations of the Ministry outside Beijing and local water resources departments is shown separately by group.

9-1　2024 年水利部从业人员

Employees of the Ministry of Water Resources in 2024

单　位	Institution	单位个数 /个 Number of Organizations /unit	年末人数 Total staff at the End of the Year				
			单位从业人员 /人 Employees /person	在岗职工 /人 Full-time Staff /person	劳务派遣人员 /人 Contracted Service Staff /person	外聘人员 /人 Staff Employed from Outside /person	其他从业人员 /人 Other Employees /person
水利部	**Ministry of Water Resources (MWR)**	**627**	**60465**	**55302**	**4140**	**385**	**638**
水利部机关和流域管理机构	The Ministry and River Basin Commissions	543	48016	45551	1708	357	400
水利部在京直属单位	Affiliate Organizations of the Ministry in Beijing	73	9617	7550	1879	24	164
其他京外直属单位	Affiliate Organizations of the Ministry outside Beijing	11	2832	2201	553	4	74

9-1　续表 continued

单　位	Institution	平均人数　Average Number				
		单位从业人员/人 Employees /person	在岗职工/人 Full-time Staff /person	劳务派遣人员/人 Contracted Service Staff /person	外聘人员/人 Staff Employed from Outside /person	其他从业人员/人 Other Employees /person
水利部	**Ministry of Water Resources (MWR)**	**60647**	**55563**	**3984**	**388**	**711**
水利部机关和流域管理机构	The Ministry and River Basin Commissions	48273	45837	1593	360	483
水利部在京直属单位	Affiliate Organizations of the Ministry in Beijing	9492	7483	1831	24	154
其他京外直属单位	Affiliate Organizations of the Ministry outside Beijing	2882	2243	560	4	74

9-2　2024年地方水利部门从业人员

Employees of Local Water Resources Departments in 2024

单　　位	Institution	单位个数/个 Number of Organizations /unit	单位从业人员年末人数/人 Employees at the End of the Year /person	在岗职工/人 Fully Employed Staff /person	劳务派遣人员/人 Service Dispatching Employees /person	外聘人员/人 Staff Employed from Outside /person	其他从业人员/人 Other Employees /person
地方水利部门	**Local Water Resources Departments**	**25070**	**563564**	**538060**	**16663**	**6404**	**2437**
北京市水务局	Beijing Water Authority	205	8219	8003	198	18	
天津市水务局	Tianjin Water Authority	68	6240	6170	69		1
河北省水利厅	Hebei Provincial Water Resources Department	1266	28534	28173	258	61	42
山西省水利厅	Shanxi Provincial Water Resources Department	511	15573	15322	85	34	132
内蒙古自治区水利厅	Water Resources Department of Inner Mongolia Autonomous Region	554	16440	16008	41	341	50
辽宁省水利厅	Liaoning Provincial Water Resources Department	306	12763	12444	258	29	32
吉林省水利厅	Jilin Provincial Water Resources Department	700	14670	14477	66	127	
黑龙江省水利厅	Heilongjiang Provincial Water Resources Department	601	14303	14125	64	106	8
上海市水务局	Shanghai Water Authority	133	4364	4122	242		
江苏省水利厅	Jiangsu Provincial Water Resources Department	1894	26155	25438	714	3	
浙江省水利厅	Zhejiang Provincial Water Resources Department	1654	21512	16782	4730		
安徽省水利厅	Anhui Provincial Water Resources Department	1058	20496	20355	67	65	9
福建省水利厅	Fujian Provincial Water Resources Department	742	9486	8964	418	49	55
江西省水利厅	Jiangxi Provincial Water Resources Department	434	13101	12672	85	318	26
山东省水利厅	Shandong Provincial Water Resources Department	1310	32144	31930	122	88	4
河南省水利厅	Henan Provincial Water Resources Department	966	37779	37646	56	22	55
湖北省水利厅	Hubei Provincial Water Resources Department	1187	26594	25697	567	330	
湖南省水利厅	Hunan Provincial Water Resources Department	1605	33147	32523	336	110	178
广东省水利厅	Guangdong Provincial Water Resources Department	1285	29638	27982	387	1110	159
广西壮族自治区水利厅	Water Resources Department of Guangxi Zhuang Autonomous Region	1121	19505	17761	661	496	587
海南省水务厅	Hainan Water Authority	142	4047	3713	215	86	33
重庆市水利局	Chongqing Water Resources Bureau	324	6068	5470	472	126	
四川省水利厅	Sichuan Provincial Water Resources Department	723	27230	25553	1064	487	126
贵州省水利厅	Guizhou Provincial Water Resources Department	1107	17882	15914	1780	84	104
云南省水利厅	Yunnan Provincial Water Resources Department	1395	16973	16081	580	230	82
西藏自治区水利厅	Water Resources Department of Xizang Autonomous Region	90	2273	1833	96	339	5
陕西省水利厅	Shaanxi Provincial Water Resources Department	1124	31327	31214	44	62	7
甘肃省水利厅	Gansu Provincial Water Resources Department	1174	29081	27924	615	327	215
青海省水利厅	Qinghai Provincial Water Resources Department	301	4527	4397	50	34	46
宁夏回族自治区水利厅	Water Resources Department of Ningxia Hui Autonomous Region	156	5864	5623	48	88	105
新疆维吾尔自治区水利厅	Water Resources Department of Xinjiang Uygur Autonomous Region	691	21041	18188	1258	1219	376
大连市水务局	Dalian Water Authority	10	686	656	30		
宁波市水利局	Ningbo Water Resources Bureau	120	1687	1594	78	15	
厦门市水利局	Xiamen Water Resources Bureau	19	359	350	9		
青岛市水务管理局	Qingdao Water Management Bureau	49	1433	1433			
深圳市水务局	Shenzhen Water Authority	41	2340	1440	900		
新疆生产建设兵团水利局	Water Resources Department of Xinjiang Production and Construction Corps	4	83	83			

9-2 续表 continued

单 位	Institution	平均人数 Average Number				
		单位从业人员/人 Employees /person	在岗职工/人 Full-time Staff /person	劳务派遣人员/人 Contracted Service Staff/person	外聘人员/人 Staff Employed from Outside/person	其他从业人员/人 Other Employees /person
地方水利部门	**Local Water Resources Departments**	**563692**	**537296**	**16601**	**6497**	**3299**
北京市水务局	Beijing Water Authority	8234	8012	204	18	
天津市水务局	Tianjin Water Authority	6310	6237	72		2
河北省水利厅	Hebei Provincial Water Resources Department	28203	27843	257	61	42
山西省水利厅	Shanxi Provincial Water Resources Department	15668	15414	85	37	132
内蒙古自治区水利厅	Water Resources Department of Inner Mongolia Autonomous Region	16461	16024	41	345	51
辽宁省水利厅	Liaoning Provincial Water Resources Department	12781	12464	256	29	32
吉林省水利厅	Jilin Provincial Water Resources Department	14619	14432	63	124	
黑龙江省水利厅	Heilongjiang Provincial Water Resources Department	14186	13999	63	107	17
上海市水务局	Shanghai Water Authority	4364	4117	247		
江苏省水利厅	Jiangsu Provincial Water Resources Department	26012	25292	718	3	
浙江省水利厅	Zhejiang Provincial Water Resources Department	21489	16752	4737		
安徽省水利厅	Anhui Provincial Water Resources Department	20606	20464	67	66	9
福建省水利厅	Fujian Provincial Water Resources Department	9542	8995	438	50	59
江西省水利厅	Jiangxi Provincial Water Resources Department	13079	12647	85	319	28
山东省水利厅	Shandong Provincial Water Resources Department	31809	31593	123	89	4
河南省水利厅	Henan Provincial Water Resources Department	37958	37823	56	79	
湖北省水利厅	Hubei Provincial Water Resources Department	26819	25863	571	385	
湖南省水利厅	Hunan Provincial Water Resources Department	32954	32324	334	114	183
广东省水利厅	Guangdong Provincial Water Resources Department	29457	27676	329	1110	343
广西壮族自治区水利厅	Water Resources Department of Guangxi Zhuang Autonomous Region	20197	17773	634	484	1306
海南省水务厅	Hainan Water Authority	3996	3660	216	92	28
重庆市水利局	Chongqing Water Resources Bureau	6076	5481	472	123	
四川省水利厅	Sichuan Provincial Water Resources Department	27272	25611	1019	499	143
贵州省水利厅	Guizhou Provincial Water Resources Department	17737	15734	1790	85	128
云南省水利厅	Yunnan Provincial Water Resources Department	17072	16139	588	256	89
西藏自治区水利厅	Water Resources Department of Xizang Autonomous Region	2258	1822	98	333	5
陕西省水利厅	Shaanxi Provincial Water Resources Department	31218	31105	45	62	7
甘肃省水利厅	Gansu Provincial Water Resources Department	29112	27917	651	327	217
青海省水利厅	Qinghai Provincial Water Resources Department	4516	4386	50	34	46
宁夏回族自治区水利厅	Water Resources Department of Ningxia Hui Autonomous Region	5846	5618	48	79	101
新疆维吾尔自治区水利厅	Water Resources Department of Xinjiang Uygur Autonomous Region	21263	18537	1228	1170	327
大连市水务局	Dalian Water Authority	685	655	29		
宁波市水利局	Ningbo Water Resources Bureau	1675	1580	80	15	
厦门市水利局	Xiamen Water Resources Bureau	360	351	9		
青岛市水务管理局	Qingdao Water Management Bureau	1438	1438			
深圳市水务局	Shenzhen Water Authority	2339	1438	900		2
新疆生产建设兵团水利局	Water Resources Department of Xinjiang Production and Construction Corps	83	83			

9-3　2024 年水利部职工职称情况

Employees with Technical Titles of the Ministry of Water Resources in 2024

单位：人　　　　unit: person

单　位	Institution	合计 Total	高级 Senior	中级 Intermediate	初级 Elementary
水利部	**Ministry of Water Resources (MWR)**	**39972**	**15632**	**14170**	**10170**
水利部机关和流域管理机构	The Ministry and River Basin Commissions	32107	11383	11885	8839
水利部在京直属单位	Affiliate Organizations of the Ministry in Beijing	5882	3277	1671	934
其他京外直属单位	Affiliate Organizations of the Ministry outside Beijing	1983	972	614	397

9-4 2024年地方水利部门职工职称情况

Employees with Technical Titles in Local Water Resources Departments in 2024

单位：人　　　　unit: person

单　位	Institution	合计 Total	高级 Senior	中级 Intermediate	初级 Elementary
地方水利部门	**Local Water Resources Departments**	**246049**	**62158**	**101641**	**82250**
北京市水务局	Beijing Water Authority	4195	1017	1721	1457
天津市水务局	Tianjin Water Authority	3642	1152	1437	1053
河北省水利厅	Hebei Provincial Water Resources Department	11199	2889	4140	4170
山西省水利厅	Shanxi Provincial Water Resources Department	6006	755	2858	2393
内蒙古自治区水利厅	Water Resources Department of Inner Mongolia Autonomous Region	7697	2550	2786	2361
辽宁省水利厅	Liaoning Provincial Water Resources Department	5014	1596	2056	1362
吉林省水利厅	Jilin Provincial Water Resources Department	6297	2186	2103	2008
黑龙江省水利厅	Heilongjiang Provincial Water Resources Department	7207	2185	2726	2296
上海市水务局	Shanghai Water Authority	2259	407	903	949
江苏省水利厅	Jiangsu Provincial Water Resources Department	13595	3560	5454	4581
浙江省水利厅	Zhejiang Provincial Water Resources Department	11000	4267	5419	1314
安徽省水利厅	Anhui Provincial Water Resources Department	9596	2149	3574	3873
福建省水利厅	Fujian Provincial Water Resources Department	4844	1181	1954	1709
江西省水利厅	Jiangxi Provincial Water Resources Department	4584	765	1857	1962
山东省水利厅	Shandong Provincial Water Resources Department	19636	4733	9040	5863
河南省水利厅	Henan Provincial Water Resources Department	10675	1935	4924	3816
湖北省水利厅	Hubei Provincial Water Resources Department	10586	1713	4478	4395
湖南省水利厅	Hunan Provincial Water Resources Department	10625	1537	5211	3877
广东省水利厅	Guangdong Provincial Water Resources Department	9692	1801	3436	4455
广西壮族自治区水利厅	Water Resources Department of Guangxi Zhuang Autonomous Region	9463	1745	4154	3564
海南省水务厅	Hainan Water Authority	693	67	168	458
重庆市水利局	Chongqing Water Resources Bureau	2846	696	1415	735
四川省水利厅	Sichuan Provincial Water Resources Department	12867	3405	5042	4420
贵州省水利厅	Guizhou Provincial Water Resources Department	7718	1948	3191	2579
云南省水利厅	Yunnan Provincial Water Resources Department	10549	3996	4207	2346
西藏自治区水利厅	Water Resources Department of Xizang Autonomous Region	916	173	388	355
陕西省水利厅	Shaanxi Provincial Water Resources Department	11154	2429	4640	4085
甘肃省水利厅	Gansu Provincial Water Resources Department	13391	3866	5575	3950
青海省水利厅	Qinghai Provincial Water Resources Department	2688	589	1183	916
宁夏回族自治区水利厅	Water Resources Department of Ningxia Hui Autonomous Region	3055	846	1182	1027
新疆维吾尔自治区水利厅	Water Resources Department of Xinjiang Uygur Autonomous Region	9677	3137	3299	3241
大连市水务局	Dalian Water Authority	190	60	80	50
宁波市水利局	Ningbo Water Resources Bureau	914	219	338	357
厦门市水利局	Xiamen Water Resources Bureau	89	20	43	26
青岛市水务管理局	Qingdao Water Management Bureau	649	253	297	99
深圳市水务局	Shenzhen Water Authority	819	324	353	142
新疆生产建设兵团水利局	Water Resources Department of Xinjiang Production and Construction Corps	22	7	9	6

9-5 2024年水利部技术工人结构

Statistics of Skilled Workers of the Ministry of Water Resources in 2024

单 位	Institution	合计/人 Total /person	无等级/人 Non-graded Workers /person	初级工/人 Elementary Workers /person	#获证人数/人 With Certificate /person	#当年获证/人 Getting Certificate in the Year/person
水利部	**Ministry of Water Resources (MWR)**	**14238**	**2192**	**1149**	**961**	**2**
水利部机关和流域管理机构	The Ministry and River Basin Commissions	12943	1786	710	690	2
水利部在京直属单位	Affiliate Organizations of the Ministry in Beijing	1204	387	437	269	
其他京外直属单位	Affiliate Organizations of the Ministry outside Beijing	91	19	2	2	

9-5 续表 continued

单 位	Institution	中级工/人 Intermediate Workers /person	#获证人数/人 With Certificate /person	#当年获证 Getting Certificate of the Year/person	高级工/人 Senior Workers /person	#获证人数/人 With Certificate /person	#当年获证/人 Getting Certificate of the Year/person
水利部	**Ministry of Water Resources (MWR)**	**1993**	**1967**	**19**	**5420**	**5383**	**208**
水利部机关和流域管理机构	The Ministry and River Basin Commissions	1873	1869	16	5227	5214	201
水利部在京直属单位	Affiliate Organizations of the Ministry in Beijing	117	95	2	148	124	6
其他京外直属单位	Affiliate Organizations of the Ministry outside Beijing	3	3	1	45	45	1

9-5　续表 continued

单　位	Institution	技师/人 Technician /person	#获证人数/人 With Certificate /person	#当年获证/人 Getting Certificate of the Year/person	高级技师/人 Senior Technician /person	#获证人数/人 With Certificate /person	#当年获证/人 Getting Certificate of the Year/person
水利部	**Ministry of Water Resources (MWR)**	**2764**	**2749**	**102**	**720**	**720**	**9**
水利部机关和流域管理机构	The Ministry and River Basin Commissions	2669	2654	102	678	678	9
水利部在京直属单位	Affiliate Organizations of the Ministry in Beijing	78	78		37	37	
其他京外直属单位	Affiliate Organizations of the Ministry outside Beijing	17	17		5	5	

9-6 2024 年地方水利部门技术工人结构

Statistics of Skilled Workers of Local Water Departments in 2024

单 位	Institution	合计/人 Total /person	无等级/人 Non-graded Workers /person	初级工/人 Elementary Workers /person	#获证人数/人 With Certificate/person	#当年获证/人 Getting Certificate of the Year/person
地方水利部门	**Local Water Resources Departments**	**165705**	**28550**	**19280**	**16327**	**478**
北京市水务局	Beijing Water Authority	709	32	56	46	
天津市水务局	Tianjin Water Authority	1194	17	78	64	5
河北省水利厅	Hebei Provincial Water Resources Department	10615	683	1789	1371	4
山西省水利厅	Shanxi Provincial Water Resources Department	6101	521	1373	1157	12
内蒙古自治区水利厅	Water Resources Department of Inner Mongolia Autonomous Region	5051	1129	460	136	6
辽宁省水利厅	Liaoning Provincial Water Resources Department	3872	429	344	253	10
吉林省水利厅	Jilin Provincial Water Resources Department	4957	1590	1100	511	34
黑龙江省水利厅	Heilongjiang Provincial Water Resources Department	4185	1177	267	219	15
上海市水务局	Shanghai Water Authority	192	9	18	18	
江苏省水利厅	Jiangsu Provincial Water Resources Department	6911	218	914	822	89
浙江省水利厅	Zhejiang Provincial Water Resources Department	2949		1233	1233	
安徽省水利厅	Anhui Provincial Water Resources Department	6714	637	631	538	9
福建省水利厅	Fujian Provincial Water Resources Department	1918	342	305	305	6
江西省水利厅	Jiangxi Provincial Water Resources Department	4250	301	392	324	7
山东省水利厅	Shandong Provincial Water Resources Department	5319	1618	580	497	27
河南省水利厅	Henan Provincial Water Resources Department	18647	454	1673	1605	32
湖北省水利厅	Hubei Provincial Water Resources Department	7474	572	1092	1092	14
湖南省水利厅	Hunan Provincial Water Resources Department	15036	2643	1703	1625	15
广东省水利厅	Guangdong Provincial Water Resources Department	11165	5565	1464	1203	5
广西壮族自治区水利厅	Water Resources Department of Guangxi Zhuang Autonomous Region	4155	707	290	290	1
海南省水务厅	Hainan Water Authority	1844	1441	171	129	
重庆市水利局	Chongqing Water Resources Bureau	445	99	16	8	
四川省水利厅	Sichuan Provincial Water Resources Department	5534	1574	269	193	
贵州省水利厅	Guizhou Provincial Water Resources Department	4174	2854	201	90	7
云南省水利厅	Yunnan Provincial Water Resources Department	2669	92	72	72	6
西藏自治区水利厅	Water Resources Department of Xizang Autonomous Region	106	6	4	2	
陕西省水利厅	Shaanxi Provincial Water Resources Department	13522	874	1126	1126	74
甘肃省水利厅	Gansu Provincial Water Resources Department	8572	1889	908	709	61
青海省水利厅	Qinghai Provincial Water Resources Department	641	233	45	45	13
宁夏回族自治区水利厅	Water Resources Department of Ningxia Hui Autonomous Region	1550	11	21	21	
新疆维吾尔自治区水利厅	Water Resources Department of Xinjiang Uygur Autonomous Region	4511	601	621	562	24
大连市水务局	Dalian Water Authority	198	72	13	13	2
宁波市水利局	Ningbo Water Resources Bureau	108	19	7	7	
厦门市水利局	Xiamen Water Resources Bureau	60	30	2	2	
青岛市水务管理局	Qingdao Water Management Bureau	229	44	27	27	
深圳市水务局	Shenzhen Water Authority	128	67	15	12	
新疆生产建设兵团水利局	Water Resources Department of Xinjiang Production and Construction Corps					

9-6 续表 continued

单 位	Institution	中级工/人 Intermediate Workers /person	#获证人数/人 With Certificate /person	#当年获证/人 Getting Certificate of the Year/person	高级工/人 Senior Workers /person	#获证人数/人 With Certificate /person	#当年获证/人 Getting Certificate of the Year/person
地方水利部门	**Local Water Resources Departments**	**30016**	**27889**	**1066**	**48928**	**45859**	**1828**
北京市水务局	Beijing Water Authority	255	237	4	345	273	18
天津市水务局	Tianjin Water Authority	123	98	9	976	897	27
河北省水利厅	Hebei Provincial Water Resources Department	2300	2027	47	3744	3320	126
山西省水利厅	Shanxi Provincial Water Resources Department	1230	1111	23	1023	918	73
内蒙古自治区水利厅	Water Resources Department of Inner Mongolia Autonomous Region	307	289	10	669	604	19
辽宁省水利厅	Liaoning Provincial Water Resources Department	885	657	58	1907	1484	109
吉林省水利厅	Jilin Provincial Water Resources Department	755	615	37	823	710	88
黑龙江省水利厅	Heilongjiang Provincial Water Resources Department	437	396	32	653	588	37
上海市水务局	Shanghai Water Authority	97	95		59	59	
江苏省水利厅	Jiangsu Provincial Water Resources Department	1139	1081	51	3548	3357	85
浙江省水利厅	Zhejiang Provincial Water Resources Department	660	660		590	590	
安徽省水利厅	Anhui Provincial Water Resources Department	1999	1858	63	3251	3013	94
福建省水利厅	Fujian Provincial Water Resources Department	369	369	7	698	698	3
江西省水利厅	Jiangxi Provincial Water Resources Department	716	661	4	1740	1599	20
山东省水利厅	Shandong Provincial Water Resources Department	1049	981	27	1614	1494	39
河南省水利厅	Henan Provincial Water Resources Department	2636	2611	64	5390	5283	229
湖北省水利厅	Hubei Provincial Water Resources Department	1178	1178	32	1828	1828	43
湖南省水利厅	Hunan Provincial Water Resources Department	2652	2535	67	3353	3240	144
广东省水利厅	Guangdong Provincial Water Resources Department	2017	1740	12	2102	1802	17
广西壮族自治区水利厅	Water Resources Department of Guangxi Zhuang Autonomous Region	1113	1113	7	1872	1872	39
海南省水务厅	Hainan Water Authority	163	154		61	47	2
重庆市水利局	Chongqing Water Resources Bureau	124	117	14	148	142	3
四川省水利厅	Sichuan Provincial Water Resources Department	1239	1065	35	1598	1441	60
贵州省水利厅	Guizhou Provincial Water Resources Department	350	296	10	496	430	16
云南省水利厅	Yunnan Provincial Water Resources Department	273	273	22	1501	1501	46
西藏自治区水利厅	Water Resources Department of Xizang Autonomous Region	24	21	2	48	44	6
陕西省水利厅	Shaanxi Provincial Water Resources Department	3421	3421	345	4832	4832	360
甘肃省水利厅	Gansu Provincial Water Resources Department	1330	1121	58	1754	1578	91
青海省水利厅	Qinghai Provincial Water Resources Department	79	79	4	179	179	3
宁夏回族自治区水利厅	Water Resources Department of Ningxia Hui Autonomous Region	138	133	1	522	516	8
新疆维吾尔自治区水利厅	Water Resources Department of Xinjiang Uygur Autonomous Region	850	792	17	1374	1326	22
大连市水务局	Dalian Water Authority	33	33	4	57	56	1
宁波市水利局	Ningbo Water Resources Bureau	12	11		23	23	
厦门市水利局	Xiamen Water Resources Bureau	3	3		19	19	
青岛市水务管理局	Qingdao Water Management Bureau	45	43		102	73	
深圳市水务局	Shenzhen Water Authority	15	15		29	23	
新疆生产建设兵团水利局	Water Resources Department of Xinjiang Production and Construction Corps						

9-6 续表 continued

单 位	Institution	技师/人 Technician /person	#获证人数/人 With Certificate /person	#当年获证/人 Getting Certificate of the Year/person	高级技师/人 Senior Technician /person	#获证人数/人 With Certificate /person	#当年获证/人 Getting Certificate of the Year/person
地方水利部门	**Local Water Resources Departments**	**33432**	**31900**	**2139**	**5499**	**5288**	**810**
北京市水务局	Beijing Water Authority	21	19	1			
天津市水务局	Tianjin Water Authority						
河北省水利厅	Hebei Provincial Water Resources Department	2093	1915	158	6	6	
山西省水利厅	Shanxi Provincial Water Resources Department	1954	1772	93			
内蒙古自治区水利厅	Water Resources Department of Inner Mongolia Autonomous Region	573	499	25	1913	1797	46
辽宁省水利厅	Liaoning Provincial Water Resources Department	306	220	5	1		
吉林省水利厅	Jilin Provincial Water Resources Department	466	417	47	223	210	30
黑龙江省水利厅	Heilongjiang Provincial Water Resources Department	1620	1489	83	31	30	9
上海市水务局	Shanghai Water Authority	8	8		1	1	
江苏省水利厅	Jiangsu Provincial Water Resources Department	925	885	79	167	160	73
浙江省水利厅	Zhejiang Provincial Water Resources Department	453	453	8	13	13	2
安徽省水利厅	Anhui Provincial Water Resources Department	187	157	6	9	9	
福建省水利厅	Fujian Provincial Water Resources Department	190	190	3	14	14	2
江西省水利厅	Jiangxi Provincial Water Resources Department	1101	1045	62			
山东省水利厅	Shandong Provincial Water Resources Department	379	339	18	79	78	1
河南省水利厅	Henan Provincial Water Resources Department	8035	7890	305	459	446	86
湖北省水利厅	Hubei Provincial Water Resources Department	2442	2442	41	362	362	25
湖南省水利厅	Hunan Provincial Water Resources Department	3169	3022	373	1516	1482	492
广东省水利厅	Guangdong Provincial Water Resources Department	16	16	1	1	1	
广西壮族自治区水利厅	Water Resources Department of Guangxi Zhuang Autonomous Region	173	173	10			
海南省水务厅	Hainan Water Authority	8	7				
重庆市水利局	Chongqing Water Resources Bureau	58	50	1			
四川省水利厅	Sichuan Provincial Water Resources Department	815	705	68	39	36	
贵州省水利厅	Guizhou Provincial Water Resources Department	253	237	22	20	20	1
云南省水利厅	Yunnan Provincial Water Resources Department	731	731	110			
西藏自治区水利厅	Water Resources Department of Xizang Autonomous Region	16	15		8	6	1
陕西省水利厅	Shaanxi Provincial Water Resources Department	3265	3265	376	4	4	
甘肃省水利厅	Gansu Provincial Water Resources Department	2690	2504	188	1	1	
青海省水利厅	Qinghai Provincial Water Resources Department	96	96		9	9	1
宁夏回族自治区水利厅	Water Resources Department of Ningxia Hui Autonomous Region	576	570	13	282	282	24
新疆维吾尔自治区水利厅	Water Resources Department of Xinjiang Uygur Autonomous Region	726	686	38	339	319	17
大连市水务局	Dalian Water Authority	23	23	2			
宁波市水利局	Ningbo Water Resources Bureau	47	45				
厦门市水利局	Xiamen Water Resources Bureau	6	6				
青岛市水务管理局	Qingdao Water Management Bureau	10	8	3	1	1	
深圳市水务局	Shenzhen Water Authority	1	1		1	1	
新疆生产建设兵团水利局	Water Resources Department of Xinjiang Production and Construction Corps						

主要统计指标解释

从业人员　指在各级国家机关、政党、社会团体及企业、事业单位中工作，取得工资或其他形式的劳动报酬的全部人员，包括在岗职工、再就业的离退休人员、民办教师以及在各单位中工作的外方人员和港澳台方人员、兼职人员、借用的外单位人员和第二职业者。不包括离开本单位仍保留劳动关系的职工。

Explanatory Notes of Main Statistical Indicators

Employees　It refers to staff working for governmental agencies, party and its administrative organizations, social groups, enterprises and public organizations at all levels, who have obtained paid salaries or other types of labor remuneration, including full-time employment, re-employed retirees, rural school teachers, hired staff and workers from Hong Kong, Macao, Taiwan areas and other countries, part-time staff and workers, borrowed staff and second-job staff and workers, but the staff and workers who has left the organization without ending their contracts are excluded.